TAUROEÏS
et non Tauroentum

Franck Solèze

TAUROEÏS

et non Tauroentum

© 2024 Franck Solèze

Édition : BoD · Books on Demand, 31 avenue Saint-Rémy,
57600 Forbach, bod@bod.fr
Impression : Libri Plureos GmbH, Friedensallee 273,
22763 Hamburg (Allemagne)

Illustration : Dream / Franck Solèze

ISBN : 978-2-3225-2415-0
Dépôt légal : mai 2024

Collection TAUROEÏS

vol. 1   TAUROEÏS ET NON TAUROENTUM
Première cartographie de Tauroeïs, mise en évidence des deux moyens d'acquisition de données, champ électromagnétique résiduel pour la cartographie, échos temporels pour les évènements historiques.
ISBN : 978-2-3225-2415-0 éditeur b.o.d

vol. 2 :   TAUROEÏS CITÉ DE POSÉIDON
1re partie "temples et sanctuaires" première cartographie des différents sanctuaires de temples et temples trouvés à Tauroeïs et alentours au champ éléctromagnétique résiduel.
2ième partie "le crépuscule des Massaliotes" relevés d'échos temporels du 2 mai au 29 juin (49 av. j.-c, période de la guerre entre César et les Massaliotes, guerre civile livre 2) ISBN : 978-2-3225-4004-4 éditeur b.o.d

vol.3 :   TAUROEÏS LES THERMOPYLES MASSALIOTES
Relevés d'échos temporels du 30 juin au 18 septembre 49 av. J.-C , correspondant au siège de Tauroeïs.
ISBN : 978-2-3225-1623-0   éditeur b.o.d

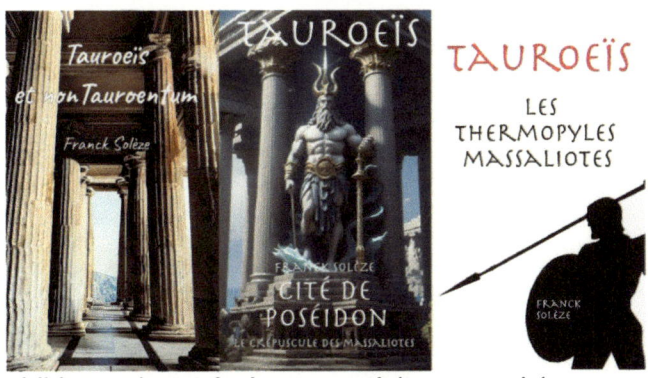

Les 3 éditions existent également traduites en anglais.

veni, vidi... vidi vidi vidi...

Préambule

Ce livre est le fruit de mes recherches en l'état actuel. Ma démarche est positionnée dans les étapes de l'élaboration de données scientifiques à son stade de recherche. Je suis un chercheur donc, malgré moi dans cette optique. Mon travail est de donner des informations ou dans ce cas précis, de nouveaux moyens d'acquisition de données qui permettront l'établissement d'informations vérifiables qui enrichiront le savoir général.

Pour faire table rase dès le début, je tiens à préciser que je me considère comme archéologiquement et historiquement infréquentable. De ce fait, cela coupe court à toutes les polémiques que mon récit pourrait créer et me laisse dans une liberté totale d'expression afin de vous faire parvenir le maximum d'informations. Cependant parmi tous les éléments que j'ai ramenés de mes " aventures temporelles ", quelques-uns d'entre eux pourront certainement être prouvés dans le futur comme la cartographie de Tauroeïs et quelques autres conclusions.

Il est évident qu'on ne pourra pas valider toutes les informations que j'ai recueillies, mais elles offriront un nouveau regard et de nouvelles orientations pour les archéologues et les historiens ou tout public qui voudront bien s'y intéresser.

Enfin, j'ai décidé, afin de donner le plus de données possible, de narrer mon récit comme l'aventure que j'ai réellement vécue, afin d'y apporter toute transparence qu'un rapport scientifique pourrait amputer.

Embarquement immédiat pour Tauroeïs donc, 300 ans av. J.-C., la cité grecque perdue des Massaliotes.

1

Les prémices

Je suis quelqu'un de sensible. Je ressens beaucoup de choses parfois quand je me promène, que je tais la plupart du temps, sachant que n'importe quelle personne lambda n'y prêterait aucune considération. Quant à la matière de mon récit et de mes recherches, fréquemment j'ai l'impression de me heurter à l'héritage inconscient judéo-chrétien je dirais, que l'inquisition a implanté dans nos gênes par le vécu, et qui est parvenu jusqu'à nous par héritage génétique. La nature, vecteur des corps qui nous sont prêtés le temps de notre existence, a inscrit dans nos gènes les zones existentielles de danger de mort et autres. Je m'explique : actuellement je porte autour du cou un petit sachet dans lequel j'ai mis quelques minéraux pour différentes vertus en lithothérapie. Nous sommes en 2023, en 1755 à Lisbonne[1] j'aurais été brûlé vif après jugement d'acte de sorcellerie par l'inquisition pour ce simple fait, sur

---

[1] Portugal -Tremblement de terre de 1755 / voir bibliographie num

la place du commerce actuelle, comme l'étaient certains condamnés de l'inquisition de l'époque, avec la légère brise venant de la mer, qui faisait que la fumée n'asphyxiait pas rapidement le condamné qui du coup agonisait plus longuement. C'est peut-être un héritage génétique de ce genre d'expérience qui peut être assimilé par un simple acte de badauds " spectateurs " qui fera que certains d'entre vous seront complètement fermés à mon récit. Comme une peur inconsciente venant du vécu de nos ancêtres ou autres, une porte fermée qui vous laisse de glace avec la certitude d'avoir raison de prendre ce choix. La peur que ce qui ne peut être prouvé puisse être dangereux, la sortie du chemin battu, le sentiment de se retrouver seul à défendre une idée aussi, la peur du jugement des autres. Personnellement, j'ai dès l'âge de vingt ans pris conscience que je m'étais construit à travers le regard d'autrui et que je m'étais emprisonné dedans. J'ai alors supprimé le plus possible d'éléments de ce qui venait de la crainte du regard des autres, ou comme on dit " le qu'en-dira-t-on ". Certains le font bien plus tard, '' ne plus se soucier du qu'en-dira-t-on ". Quand j'ai vu ma nièce de sept ans perdre sa spontanéité en entrant au cours préparatoire pour justement se conforter au regard des autres, je me suis dit que c'était peut-être là que le fléau de la perte de soi devait commencer.

Ensuite certains, arrivés à l'âge adulte, font des thérapies ou des stages de rééquilibrage des chakras pour retrouver leur identité intrinsèque perdue : quel gâchis! Mais peut-être est-ce un passage obligé pour la vie en société, certainement...

Enfin ce n'est pas ce côté de la psyché humaine que vous vaudra ce récit. À savoir que certains éléments de mon livre sont recueillis par la lecture des fréquences résiduelles ravivées par l'écho temporel, date anniversaire de l'événement, historique. Tout le monde est parti ?

Enfin c'est totalement libre du jugement des autres que j'ai pu faire ce travail de recherches tout à fait inhabituel et vous pourrez juger par vous-même, à la fin de mon livre, s'il est bon parfois de sortir des sentiers battus. Oui, mais pas trop loin me diront certains, et bien le plus loin possible pour ma part.

2

Un peu d'histoire pour planter le décor

Tauroeïs a eu deux époque grecque. La première est situé au site du Mouret suite à l'échouage en 542 av jc d'un des navires grecs de la deuxième vague de colons phoceens de Massalia, repousssé par une tempête et echoué dans un petit golfe selon Artémidore d'Éphèse, ils decidèrent d'appeller le lieu Tauroeïs, rapport au taureau à la proue de leur bateau. Des fouilles sur le site (Brien-poitevin) on permis de mettre à jour des céramiques grecques daté de 450 av jc. Cette deuxième vague de Phocéens (la première ayant fondé massalia en 600 av jc) venaient de la ville de Phocée en Turquie actuelle, soit entre Troie et Lesbos, ayant ont été chassés par Harpagos[2], le général en chef des armées de Cyrus le Grand (fondateur de l'empire perse) sous son ordre. Une fuite en un jour selon les textes antiques, ce que certains historiens ont du mal à concevoir matériellement et pour cause. Ce fut donc cette

---

[2] Michel Clerc-prise de Phocée par les Perses et ses conséquences

deuxième vague de colons phocéens qui vinrent à Massalia, décrite comme une grande ville par Strabon, un géographe de l'antiquité (63 av. J.-C. / 23 apr. J.-C.) qui créèrent initialement Tauroeïs
Ensuite on pense que Tauroeïs a eu une deuxième époque, soit celle sur laquelle j'ai travaillé, sur le lieu dit de la citadelle ou des poteries retrouvée sur place ont permis de daté la période à 300 av Jc. Tauroeïs est citée comme la forteresse des Massaliotes ou les riches familles venaient se protéger en cas de guerre avec les Ligures. Une place forte dont beaucoup d'archéologues ont tenté de trouver l'emplacement précis, la cité perdue de Tauroeïs, comme Athénopolis à Saint-Tropez que j'ai potentiellement retrouvée également. D'abord située à Saint-Cyr les Lecques avec la villa gallo-romaine de Tauroentum, fausse position reconnue tardivement, elle a finalement été resituée donc à Six-Fours dans le Var, quartier du Brusc par l'archéologue Eugène H. Duprat en 1935, qui à travers ses fouilles[3] sur le lieu du quartier de la Citadelle, nous a fourni le premier plan de la cité de Tauroeïs, avec une muraille d'enceinte, etc, soit le lieu de départ de mes recherches. Il est certain que je suis à des années lumière de Duprat et du travail classique des archéologues, car déjà, je n'ai fait aucune fouille pour réali-

---

[3] E.H. Duprat. « Tauroentum » (le Brusc-Six Fours) 1935

ser mon travail et pour cause : je n'en ai aucunement besoin. Il y a ceux qui partent des textes aussi pour leur recherche, bon courage vu le peu d'informations qu'il existe sur Tauroeïs. Enfin en l'état actuel nous n'avions de Tauroeïs que le plan à Duprat, une vague situation de Ptolémée et d'autres auteurs antiques [4](également un cartographe de l'antiquité ; astronome, mathématicien et géographe grec 90/168 après J.-C.), entre La Ciotat et le Brusc. Et ce fut mon point de départ concret. Le vrai point de départ est qu'avant d'être plongé dans cette aventure, j'étais seulement quelqu'un de sensible qui s'amusait à toucher des objets anciens pour avoir des informations sur les personnes à qui ils avaient appartenu. Ayant voulu régler des problèmes personnels de santé par des médecines parallèles, j'en ai développé une sensibilité accrue. J'ai des informations donc si je touche un objet, si je le veux en me concentrant.

Les amphores par exemple, sont des petites cartes temporelles pour moi, je les touche et j'ai des informations, et ça peut être très vieux. C'est aussi une partie de mon travail pour rassembler des informations sur laquelle je me base, et qui m'ont aidé parfois, mais très rarement, car c'est un peu la loterie, on ne sait jamais sur quoi on va tomber et à quelle date précise selon l'amphore, mais ce sont des

---

[4] Un bimillénaire-le combat naval de Tauroentum-Emmanuel Davin

voyages temporels dont je suis très friand et qui qualifient ma démarche archéologique et historique dès le début, à savoir que je veux avoir un contact direct avec l'histoire, pas d'intermédiaire, pas de livre si possible, et pourtant il en faut, mais je place prioritaire les informations prises avec ce mode d'acquisition.

Ce sont mes livres à moi, mes mails, " vous avez un message" … Je vous donne un exemple de lecture de bout d'amphore ; c'était un esclave à qui on avait demandé de jeter les amphores cassées en fond de cale pendant le voyage. Avant d'aller au port, on nettoie le bateau. L'esclave s'exécute et laisse inconsciemment son empreinte énergétique sur l'amphore qu'il jette par-dessus bord. Et moi je la lis, possiblement 2000 ans plus tard… Donc il est très stressé, angoissé, il n'a qu'une idée en tête, retourner à son village de pêcheurs où il a été kidnappé pour l'asservir, afin de savoir ce qu'il est advenu de sa femme et de ses enfants. Ils devaient à l'époque attaquer des villages de pêcheurs sur la côte dans des contrées ennemies ou non alliées à une civilisation forte et puissante, pour en faire leurs esclaves sur les galères, ramer, porter, etc. Ils étaient comme le fioul gratuit du voyage. L'antiquité reste l'antiquité, et parfois, sur certains endroits de la planète, on n'en est toujours pas vraiment éloigné.

Enfin c'est avec ce petit récit que j'ai attiré un jour, l'attention d'un archéologue amateur qui m'a plongé dans l'énigme de Tauroeïs. Ayant cru à ma petite histoire, à mon récit, il s'était demandé ce que je pouvais bien ressentir s'il m'amenait au Brusc, sur le site de la Citadelle, soit le plan à Duprat. Le but demandé étant de trouver les habitations de Tauroeïs (deuxième époque, post Mourret) dont on n'a toujours aucune trace.

Il m'avait parlé de cette entreprise trois ans auparavant. Or il a fallu que je trouve une ancre grecque en me baignant simplement sur les Baux de Sanary-sur-Mer pour que je le rappelle et que cela relance cette entreprise.

Si j'ai trouvé cette ancre, c'est un peu à cause du réchauffement climatique, comme quoi. Je ne me baigne plus sans masque à cause des méduses, sans ça je serais passé à côté sans la voir. La découverte de cette ancre est très importante, car elle a tout précipité. J'ai relancé l'archéologue amateur pour l'expérience qu'il voulait me faire faire et j'ai rencontré un autre archéologue amateur pour l'expertise de l'ancre, qui lui, m'a parlé de la bataille navale de Tauroentum, cité dans la guerre civile[5] de César livre 2 (j'y reviendrai plus tard, mais c'est très important pour la suite). Mes recherches s'étendent sur deux niveaux, le terrestre et le sous-marin. Je vais d'abord m'attacher au terrestre et tout se liera à la fin.

---

[5] Bibliotheca Classica Selecta / voir bibliographie num

Donc sorti de cette trouvaille, l'archéologue amateur m'a amené au Brusc sur le site de la Citadelle. Déjà lors de nos entretiens, je lui avais dit où je pensais que la Citadelle se trouvait sans avoir eu de renseignements dessus.

Je ressentais toujours quelque chose d'énorme, de brillant en passant au port du Brusc sur l'avenue des palmiers et subitement juste après, quelque chose de plus froid, de plus noir. Je ne comprenais pas du coup mon ressenti. Sur le port j'avais vu se dessiner dans le ciel une tour et des remparts. Je m'étais alors dit "tiens il y a du avoir comme un château ici". Jamais je n'aurais imaginé qu'il aurait pu s'agir d'une forteresse grecque antique, comme quoi l'archéologie et l'histoire classique sont essentielles pour mon type de recherche, des repères irremplaçables, mais faux parfois. C'est pour cela que depuis des années, je ne fonce pas tête baissée dans des livres. J'ai vu trop de fois des informations erronées, rectifiées tardivement et qui mettent à plat finalement des raisonnements jugés comme acquis et qui s'avèrent infondés. Mon mode d'acquisition pourrait être le pire parce que considéré comme subjectif et trop hasardeux dans un premier temps. Or je ne désespère pas qu'un jour la science mette au clair certains de mes modes d'élaboration, c'est d'ailleurs l'une des raisons de l'écriture de ce livre.

3

Premiers pas dans l'aventure

Arrivé sur le site de la Citadelle au Brusc (fin août 2022) quartier de Six Fours avec l'archéologue amateur, nous garons la voiture et passons par le bord de mer, soit le quai du vieux port en venant du parking des Charmettes. D'emblée nous voyons un vieux mur que Sylvain, l'archéologue amateur, appelons-le ainsi, me définit comme « tout sauf antique ». Je sens pourtant quelque chose de fort arrivé à son niveau. Je tais mon ressenti. Pour l'occasion et pour mes recherches, je me mets en état d'hypersensibilité, je peux tenir deux heures environ, des fois j'ai besoin d'une semaine de repos pour recommencer. C'est extrêmement éprouvant même si ça n'en a pas l'air, et trop tirer sur la corde amène à des états de fatigue hors du commun. Enfin maintenant je gère beaucoup mieux, je prends des sucreries avant une recherche sur site ,en hypersensibilité ou autre, je booste le cerveau en quelque sorte, du moins j'évite une légère asthénie en fin de course.

Donc passé le bord de mer, le port, nous arrivons au rond-point de la Citadelle, lieu où Sylvain me dit qu'il pense que se trouvait l'entrée de la ville de Tauroeïs. Je confirme aux fréquences résiduelles, mais je sens quelque chose de bizarre. Attention, " fréquences résiduelles ", le terme mérite immédiatement une explication, car il est primordial pour la suite.

Je définis les fréquences résiduelles comme étant des vibrations, ondes que l'on peut ressentir à un endroit à la suite d'un événement. Je m'explique : une dispute vient de se passer dans une pièce, vous entrez dans la pièce vide juste après, vous ressentez quelque chose de bizarre, une sensation bizarre, c'est ce que j'appelle une fréquence résiduelle. Si c'est un meurtre, je vous laisse imaginer, idem. Je dis fréquences, car nous pensons en sons, les oreilles sont à la base du cerveau et ce n'est pas pour rien, les pensées sont des sons, des fréquences, nous émettons des sons, des fréquences, idem pour les émotions, ce sont des variations de fréquences selon l'expérience vécue. Ainsi quand on vit quelque chose, on peut charger l'endroit de ses fréquences. C'est pour ça que quand on me dit " médium ", terme que je n'aime pas du tout et qui me semble trop vague et imprécis, je préfère dire lecteur de fréquences, ça me semble plus approprié.

Mais souvent on me demande si je suis sourcier, car malheureusement on assimile trop facilement ces domaines non établis à des expériences parfaitement connues comme sourcier justement.
Donc lecteur de fréquences, surtout qu'à la fréquence on peut retrouver les intentions, état d'esprit, etc, enfin ça peut être très riche en informations. Ce sont donc, mes livres à moi.
Une fois passée la porte qu'il pensait être celle de Tauroeïs, nous allons à ce que Sylvain considérait comme étant l'emplacement du temple, enfin du moins on arrive à un endroit sur la butte de la citadelle et je lui dis " là c'est sérieux " et il me rétorque qu'il pense que le temple était là, le grand temple de Tauroeïs, cité dans les textes antiques comme étant sur le point culminant de la ville (je n'ai pas trouvé le texte le référant à ce jour). Or n'étant pas sur le point le plus haut de la butte de la Citadelle déjà ça ne collait pas. Et pourtant selon le plan à Duprat, cela ne pouvait être que le seul endroit.
Mais il était convenu que je revienne travailler seul sur le site pour une lecture plus approfondie. De toute manière, c'est la seule fois où je suis venu avec Sylvain sur le site, par la suite et selon un différent et vu ce que j'avais trouvé qu'il qualifiait d'ineptie, nos chemins se sont séparés rapidement. J'ai continué seul pour le patrimoine historique de l'humanité on va dire, conscient que si je ne faisais pas ce travail, personne ne le ferait.

Les archéologues classiques que j'ai rencontrés sont du parti de la rigueur scientifique. Aucun d'eux jusqu'à ce jour, ne mettrait en jeu son nom pour soutenir mes trouvailles.

Quelques éléments cependant ont été acceptés potentiellement comme le lieu de la bataille navale de Tauroentum par exemple.

Donc nous arrivons ensuite au point crucial du début de toute cette aventure : le rempart. Il me situe approximativement un rempart et là je sens quelque chose de très fort.

J'associe donc ce ressenti à une muraille/rempart et c'est le début de la cartographie qui en découlera.

Il me montre encore un autre endroit de la continuité du rempart puis l'arrivée de l'aqueduc grec, dont on a trouvé une section sous la butte, et quelques autres sur le Brusc dans des témoignages, à côté de l'avenue des palmiers selon le plan à Duprat .

Nous terminons cette première visite avec mission donnée de trouver les habitations de Tauroeïs, jamais mises au jour, raison de ma demande d'implication, car les fouilles sont quasiment impossibles à réaliser aujourd'hui vu l'implantation contemporaine citadine.

4

Première cartographie

Je reviens donc quelques jours plus tard, seul, sur le site pour faire mes premiers relevés. Je fais une impression écran de la butte du quartier de la Citadelle sur géoportail et go, je commence ma cartographie. Il m'a lâché à vide, ne m'a jamais montré le plan à Duprat, laché à l'aveugle, prétextant que ça donnerait plus de valeur à ce que je trouverai si ça concordait avec les éléments déjà établis. Donc je commence ma cartographie de la chôra, terme désignant le territoire en grec, les limites de Tauroeïs, et j'arrive à ce premier plan que j'ai appelé vulgairement " la chaussette " (1er septembre 2022), car il en a la forme. C'était le début, ce n'était vraiment pas évident, il y avait beaucoup plus d'éléments que je le pensais, plus complexe, beaucoup plus de structures sur place et j'étais parti pour chercher un contour. Sylvain, selon les données officielles, m'avait induit en erreur involontairement. Tauroeïs était bien plus que la butte de la citadelle.

Donc dans cette chaussette que je re-regarde parfois avec sourire ou, je peux retrouver aujourd'hui un bout de Tauroeïs réellement, l'aqueduc grec, et une voie romaine, bref un micmac catastrophique. Mais c'était les débuts, une première approche, un espace à délimiter pour entamer ensuite des recherches, des relevés plus poussés.

5

Le petit temple

Je pris la décision de revenir pour cartographier uniquement le temple et là, premier immense plaisir éprouvé à Tauroeïs. Je délimite le portique, le bassin interne en résonance avec la structure globale, le lieu du petit trône, la statue de la divinité juste derrière. Cela fait quelque chose de révéler un petit temple oublié depuis 2000 ans, avoir son plan grâce à ce que j'appelais au début le taux vibratoire grec, ressenti au rempart et grâce auquel j'avais pu cartographier tout le reste. La technique est simple : sur une photo satellite, présence du taux, un trait, absence du taux, pas de trait, 0/1 c'est du binaire rien de sorcier. Ensuite à la maison avec l'aide du site internet géoportail et de son outil de mesure, la surprise d'avoir des côtes qui tiennent la route, soit pour celui-là , 30 mètres par 10 sur un modèle de temple in antis (2 colonnes en façade). Enfin dans ces mo-

ments-là et j'en ai toujours aujourd'hui dans mes recherches, on se sent extrêmement privilégié d'être le premier à avoir l'information. Le véritable trésor de cette aventure est le savoir d'ailleurs, en dehors de cela, peut être on trouvera des restes de la bataille navale de Tauroentum sur mes indications ou des bouts d'aqueduc, mais cela pourrait être dans un moment, les procédures de demande de fouille et autres sont assez longues et encore, si elles sont acceptées.
Les fréquences résiduelles du temple sont les plus harmonieuses que j'ai trouvées à Tauroeïs. Je n'ai aucune idée de qui était sur le trône. Ce que je sais c'est qu'un peu plus bas, il y avait une petite case de garde pour en contrôler l'accès, et devant une petite cour face à une caserne où les soldats s'entraînaient au combat. Avant de combattre ou après, les soldats saluaient en direction du temple, pour son occupant donc et le dieu dont la statue était derrière le trône (relevé fait à la fréquence résiduelle). Plus tard dans l'aventure je trouverais plus de précisions sur le rôle de la personne sur le trône, mais il s'agissait d'un esprit supérieur avec de superbes fréquences, force puissance, intelligence, puis j'éluciderais aussi la divinité auquel le temple était dédié soit qui représentait la statue. On va dire qu'à cet instant, je commençais à avoir les chevilles qui enflaient légèrement, le temps d'un moment, enfin du moins j'étais très satisfait. Débutant total en

archéologie et trouver un temple dès les premiers relevés.

Mais aujourd'hui encore, cela ne vaut rien et ne peut être pris en compte par aucun archéologue sérieux, car la nature du taux vibratoire n'est pas encore scientifiquement élucidée. Plus tard dans l'aventure je commencerais à avoir des éléments qui pourront aider un jour, je l'espère, à le révéler.

6

Le grand saut dans le vide hors du plan à Duprat

Mon premier plan global de ce que je pensais être la Citadelle, malgré le petit temple, la caserne, l'entrée, les remparts, la tour du bord de mer, ne m'indiquait pas où étaient les habitations. L'espace libre dans mon plan était vraiment trop insignifiant pour englober la ville. Et pourtant certains archéologues sérieux et scientifiques pensent toujours que la citadelle à Duprat est complète et qu'en fonction du nombre de tessons d'amphores trouvés, la communauté grecque de Tauroeïs devait comporter 180 habitants. Ça fait vraiment peu... 180 personnes qui se seraient rebellées contre César... non mais c'est scientifique on m'a dit... Je suis très heureux de ne pas avoir de formation d'archéologue classique. Ils ne vont pas me louper non plus et pourtant nous cherchons le même port comme dit la chanson de Brel. Si j'avais une formation d'archéologue classique et l'entendement que cela comporte, ce livre n'existerait pas. Mais je reconnais que j'ai besoin d'eux, comme peut-être aussi, sur certains aspects, ils auront besoin de moi. Notamment Sylvain m'avait demandé de l'aider à trouver ou passait l'aqueduc grec de Tauroeïs, précisément à un endroit, pour pouvoir fouiller suite à une future demande officielle, pour éviter de creuser n'importe où, basé sur un tracé théorique au stylo sur un plan, qui fait dans la réalité, soit sur le terrain, une quarantaine de mètres de large ou plus.

Donc pour les habitations, il me semblait bien qu'elles devaient être en dehors de ma chaussette et du plan de la citadelle à Duprat que je ne connaissais pas à l'époque, mais sans éléments concrets ou dans mon cas futurement concret pour la révélation du taux, on ne peut rien poser sur une simple supposition. Et surtout où étaient-elles du coup ? À gauche ? À droite de la Citadelle, derrière ? Flou total.

Les mesures du temple étaient incomplètes. Je devais rentrer chez un particulier, dans sa propriété, pour faire un relevé qui confirmerait la largeur du temple. La position centrale du bassin me donnait le point de départ de la moitié. Par chance, cet habitant du Brusc était fort sympathique et m'a laissé entrer chez lui. En contrepartie, je lui faisais part de mes recherches et trouvailles comme à chaque fois. Et là, ce fut la révélation. Déjà la largeur du temple était bien de dix mètres, mais sur le côté nord il y avait un autre mur. Ce qui cachait le temple si on venait du nord, mais aucun mur côté sud.

Donc je me suis laissé dire que les habitations devaient être au sud pour que le temple soit visible des habitants et qu'elles devaient être entourées par une muraille délimitant la ville. Je suis donc parti à la recherche de cette muraille, Avenue du Mail. Une fois trouvée je n'en voyais plus la fin.
La Thébaïde, un domaine privé, coupait court mon relevé. Je pris la voiture pour cette fois, pour aller vérifier si la muraille / rempart défensif supposée des habitations n'allait pas jusqu'à la Gardiole, soit jusqu'à la mer côté sud, ce qui serait logique. Et effectivement je retrouvais la continuité de la muraille / rempart coupant le chemin de la Gardiole.
Alors en ce qui concerne le terme de désignation de muraille / rempart, à partir de maintenant je n'emploierai plus que le terme de rempart. Or dans ma démarche je ne fais que des relevés à partir du sol dans ce qui s'avère être une muraille. Je n'ai pas de moyen de savoir concrètement s'il s'agit d'un rempart puisque je n'ai pas accès à la partie supérieure du taux vibratoire. Or je vais quand même statuer sur rempart bien que, on est d'accord, je n'ai aucun élément pour l'étayer dans mes relevés. Cependant il est évident qu'il s'agit de remparts : faire une muraille de plusieurs mètres de haut en guise d'enceinte sans pouvoir aménager la possibilité de positionner des soldats à son sommet n'a aucun intérêt stratégique.

Plus tard dans mon récit, je qualifierai exceptionnellement quelques relevés de muraille simple ou murs, car je pense qu'elles en sont réellement, soit juste des obstacles voulus à franchir. Je désignerais parfois quand même, de grande muraille défensive l'ensemble des remparts et autres fortifications, mais poursuivons.

Il m'est alors venu une déduction simple. Des tombes grecques et quelques autres éléments ayant été trouvés sur les îles des Embiez, il semblait plausible alors que ce rempart fermait la terre du côté est. Donc tout ce qui était de Tauroeïs était à l'ouest de cette muraille, dont le grand temple de Tauroeïs situé à son point culminant. Car mon petit temple ne faisait que 30 mètres par 10, ce qui était trop peu pour le grand temple de Tauroeïs… Et donc j'ai compris que ce que j'avais pressenti depuis qu'on m'avait parlé de ce temple, le point culminant était le point le plus haut des Embiez, soit à droite de la tour fondue, lieu dénommé " le Cougoussa ". Je décidais alors d'essayer de le dessiner, de ressentir où il était exactement vu de la côte, de me laisser aller complètement à mon ressenti. Je m'arrêtais à la terrasse d'un café, et avec un cahier de croquis je me lançais à une première ébauche. À droite de la tour fondue, le terrain est en pente ce qui rend le positionnement d'un temple impossible.

Pourtant c'est là que je l'ai dessiné avec ce que je pensais être au ressenti à l'époque, plus deux autres bâtiments d'une hauteur moindre un peu plus bas (je compris plus tard que le taux vibratoire existait aussi en trois dimensions et que je n'en avais fait qu'un croquis). Et voilà toute l'archéologie moderne, un petit croquis et c'est plié, je plaisante.

Il y avait une exposition à la salle polyvalente du Brusc sur Tauroeïs ce mardi après-midi là, et je savais qu'un des membres de l'association " les amis du patrimoine de Six Fours " exposait sa maquette de Tauroeïs basée sur ses recherches. Je devais alors continuer le relevé de la muraille dans la Thébaïde, une connaissance qui y résidait m'avait dit que c'était en libre accès. Juste avant mon relevé, je passais donc à l'exposition où quelques éléments de ce qui a été trouvé sur Tauroeïs étaient relatés. Je lisais vaguement les panneaux. La maquette était basée sur le modèle du site du comptoir grec d'Olbia (situé à Hyères, à l'Almanarre) posée sur le site de la citadelle à Duprat, soit déduit avec des éléments acquis. Très belle maquette en attendant, fausse par rapport à ce que j'avais trouvé, mais très bien réalisée.

Je discutais alors avec quelques membres de l'association qui étaient présents et je leur comptais, et pas peu fier, mes trouvailles et mon mode d'acquisition des données au taux vibratoire.

Contrairement à ce que je m'attendais, ils semblaient très intéressés, mais suite à notre discussion ça a dû bien retomber, car je n'ai plus jamais eu de nouvelles d'eux, malgré leur avoir envoyé mon premier rapport.

En même temps je comprends, ils ne peuvent et ne veulent pas se baser sur un taux qui n'a pas été encore prouvé scientifiquement. Moi ça ne me dérange pas comme je l'ai dit au début surtout s'il est réel.

7

Le triple rempart

Je suis sorti tout fier de cette exposition, car j'avais de mon côté acquis des données plus qu'intéressantes de par mes recherches et je n'en étais qu'au début. J'entrais dans la résidence de la Thébaïde et je retrouvais mon rempart tout fier donc et là paf : ça ne colle pas, il est trop à l'ouest… Ce qui faisait un sacré virage : illogique. Je me dis peut-être que c'est un rempart isolé, je continue vers l'est et boom, second rempart... Je continue, troisième rempart. Et là je me suis mis sérieusement à douter de mes ressentis. Je me suis dit ça y est c'est foutu je ne suis plus fiable. Ce n'était déjà pas évident. Alors qu'on me disait que pour le simple rempart d'un kilomètre de long, cela ne pouvait pas être pris en compte car cela faisait trop de pierre, et bien là y en avait trois. J'avais vécu une petite euphorie à l'exposition, vingt minutes auparavant, et là j'avais l'impression que tout s'arrêtait, par le simple fait d'avoir trouvé trois remparts successifs... Je ne comprenais plus rien.

Comme si la machine s'arrêtait. Je rentrais chez moi penaud comme jamais et c'est souvent ainsi, on fait des relevés la journée et le soir bien posé, on réfléchit et l'éclair jaillit en une seconde, l'évidence salvatrice. Si j'avais trouvé trois remparts à la Thébaïde, c'est qu'ils devaient commencer avenue des palmiers à droite du plan à Duprat, collés du moins, et donc c'était la structure, le ressenti bizarre que je n'avais pas réussi à comprendre au début sortant du temple. Trois remparts successifs qui deviennent trois portes au niveau de l'avenue des palmiers, soit un sas d'entrée à plusieurs pans. Eurêka ! c'était reparti ! Je retournais quelques jours plus tard avenue des palmiers pour cartographier ce que je pensais être l'entrée de Tauroeïs à trois portes. Une petite impression écran de la zone et let's go.

Sur place je délimite l'espace entre les trois remparts et à la fréquence résiduelle je comprends qu'au-dessus de la dernière porte il y avait des chaudrons d'huile bouillante pour d'éventuels assaillants, car au pied de cette dernière se trouve une zone de mort. Les fréquences résiduelles y sont inscrites intensément, un des endroits où elles le sont le plus à Tauroeïs. Il est sûr que sorti du temple qui n'est pas très loin, cela faisait bizarre de passer de fréquences très élevées à celle de la mort. Il était évident que je ne pouvais pas y voir clair.

De plus, je n'étais pas habitué à prendre des fréquences aussi basses à Tauroeïs et ce n'était que le début. Grosse déception quand même, fini la Grèce antique avec temples, statues, habitations... J'allais révéler un appareil barbare de défense, une boucherie... Moment difficile dans mon entreprise qui se répétera à plusieurs reprises. On se demande si on doit continuer.

Qui a envie de savoir qu'on a retrouvé des remparts antiques avec un système défensif de chaudrons d'huile bouillante ? Surtout que les trois remparts vont jusqu'à la Gardiole, donc ce n'était qu'une partie du système défensif de Tauroeïs. Néanmoins, toujours avec un petit temps de digestion après ce genre de trouvaille, je reprends mes relevés et je décide de chercher les trois remparts jusqu'au chemin de la Gardiole soit à l'extrémité sud, après, c'est la mer. L'ensemble de remparts défensifs s'étend sur plus d'un kilomètre, j'en parle autour de moi, Sylvain et un autre archéologue me disent à nouveau qu'une aussi grande quantité de pierre c'est impossible. Sylvain qualifie mes trouvailles d'inepties. Sachant que personne ne le fera à ma place, c'est à ce moment que je décide de mener mon aventure à bout pour donner aux confrères archéologues et historiens, cet extraordinaire moyen de cartographier ce qui n'est plus, avec un champ électromagnétique résiduel.

Abandonné par l'entendement de celui qui m'avait demandé de trouver les habitations de Tauroeïs, je décide de me mettre en patron donc, le patrimoine historique de l'humanité.

8

Les ceinturons

Un kilomètre d'un triple rempart, ça fait beaucoup... Évidemment on se dit qu'il devait y avoir des tours le long des remparts. Je cherche ce genre d'édifice et à la place du Mail je trouve une surface pleine au taux vibratoire de douze mètres de large qui joint perpendiculairement les trois remparts, à 180 mètres pile poil de la porte nord. Bingo, enthousiaste je continue et je cherche pour voir s'il n'y en a pas un autre à nouveau à 180 mètres du premier et re bingo : au top ces Grecs. Je trouve le troisième, et le quatrième ceinturon n'est pas à la place prévue. Or il est sur une route en plein sur la colline qui coupe cette dernière comme un terre-plat bizarrement, un peu plus bas d'où il aurait dû se trouver et là il est présent. Il y en a un autre juste au-dessus. À cet endroit le dénivelé est un peu fort et les Grecs avaient décidé au lieu de mettre un ceinturon, d'en mettre deux espacés de 50 mètres.

Je me suis dit alors que ça devait être un point faible qu'ils avaient dû vouloir combler, or non, je pense aujourd'hui qu'il s'agissait d'une concentration pour réaliser un rabattement.

9

La porte sud

Je continue et j'arrive chemin de la Gardiole. Sur la route, je retrouve l'arrivée des trois remparts et là les fréquences de mort, dues aux chaudrons d'huile bouillante surplombant le couloir de ce que j'ai compris alors comme étant la porte sud, s'étendent sur une quarantaine de mètres dirait-on …quarante mètres de couloir de la mort, avec deux portes le précédant. On sent bien les fréquences résiduelles du piège défensif. Les deux premières portes, les Grecs laissent passer les assaillants sans trop de résistance pour leur laisser croire une victoire possible et laisser libre court à une fougue combative aveuglée : première porte, victoire, les assaillants prennent confiance en eux, deuxième porte, deuxième victoire, les assaillants ne réfléchissent plus ,ils foncent aveuglément dans le long couloir qui mène jusqu'à la troisième porte et arrivé devant cette dernière, le piège défensif s'abat sur eux.

L'huile bouillante sort de bouches sculptées, je pense, et c'est l'hécatombe instantanée, pétrifié sur place. Sur la droite, avant le couloir, de petites portes donnent accès aux espaces entre les triples remparts comme sur la porte nord, ceux qui les empruntent se retrouvent alors dans les couloirs de ces derniers où d'autres pièges défensifs les attendent certainement, en plus des Grecs qui peuvent toujours les atteindre du haut des remparts. Ceux qui sont restés dans le couloir de la porte sud, survivant, et qui continuent vers l'avant se font clouer sur place par des lances légèrement lestées jetées du haut des remparts qui surplombent le couloir. Avec le poids et la hauteur, aucune protection ne leur résiste, les hommes sont transpercés... (pour l'écriture de ce livre et l'édition des plans je suis retourné sur place pour vérifier des données et j'ignore si ça vient du fait que j'avais fait les premiers relevés au tout début de mon aventure, soit un an et demi avant l'écriture de ce livre et que maintenant je suis devenu plus performant, mais j'y ai trouvé de nouvelles informations plus qu'importantes sur le piège défensif de cette porte que je livrerai avec son plan à la fin de ce livre et que pour le coup, je n'ai encore livré à personne encore, car absent de mes rapports précédents).

On est loin des archéologues qui axent leurs trouvailles sur des éléments qui les poussent à dire que telle et telle civilisation était civilisée pour flatter l'ego humain et derrière laquelle beaucoup se rangeront avec complaisance.

Non, nous sommes dans l'antiquité, nous sommes à Tauroeïs, la forteresse construite pour les élites massaliotes afin de les protéger des possibles guerres avec les Ligures. Les mêmes qui ont été expulsés en un jour de Phocée par une armée conséquente de Cyrus le grand.

Et du coup ils ont créé une muraille capable de digérer une armée si besoin et c'est là sa fonction.

À ce sujet, vu les expériences vécues que je résumerais à la fin de ce livre et les informations que j'en ai tirées, je pense que la forteresse de Tauroeïs abritait occasionnellement, en temps de guerre, les membres du gouvernement et qu'elle en aurait été une commande, jointe à celle des riches familles, de ces derniers. Une forteresse pour protéger le corps gouvernant de Massalia, ce qui laisse à penser que peut-être par le passé, lors de guerres qui auraient eu lieu avec les Ligures, des gouvernements auraient été mis en péril. À ce sujet la description de Strabon de Massalia[6], nous apporte des informations sur son système de gouvernance qui nous

---

[6]Strabon-Géographie IV,1,5 / voir biblio. Num.

éclaire considérablement sur la structure de ce dernier.

Il y avait 600 timouques, nommés à vie, présidé par une commission supérieure de quinze d'entre eux, qui pourrait être l'équivalent de nos ministres actuels, régis eux-mêmes par trois membres, soit trois dirigeants principaux, dont un au sommet. Les deux autres pouvant être comme une sorte de Premier ministre et ministre des Affaires extérieures.

Mais je ne peux pour l'instant que statuer à l'aveugle sur ce sujet, reprenons.

10

La tour fortin, verrue du paysage

Le piège défensif étant posé je prends le temps de réflexion de me dire, mais pourquoi viennent-ils sur la porte sud alors que sur la porte nord, le couloir défensif ne fait que 40 mètres de long au lieu de 70 au moins pour la porte sud ? C'est qu'il doit y avoir quelque chose qui les en dissuade. Et c'est là que j'ai accepté de prendre en considération ce que j'avais vu dès le début avec Sylvain sans lui en parler, même à moi-même je me faisais taire ce ressenti, à savoir cette immense structure noire à la vibration juste après le petit temple : une tour fortin massive surplombant la porte nord. Ce fut le début de la série de yoyo que j'ai dû faire tout le long de ce grand ensemble défensif, à savoir que dès que je trouvais un élément d'un côté, il fallait que j'aille vérifier l'équivalent de l'autre.

Je fonçais donc à l'édifice pour le cartographier. Juste au-dessus du parking de la Citadelle, au niveau du boulodrome, je commence mes relevés.

Des murs de quatre mètres de large déjà, ça impose.
Jusqu'à maintenant les remparts trouvés faisaient seulement deux mètres de large. Un quadrilatère de 45 mètres par 60 sur l'un des angles, l'autre étant sur zone privée. J'ai dû aller avenue des palmiers, plus bas, pour déterminer la longueur avec une technique que j'expliquerai plus tard.
Donc c'était cet édifice massif qui surplombait la porte nord, poussant l'ennemi a attaquer par la porte sud. En son centre, je trouvai un pilier de soutien aux poutres en bois, j'imagine, pour les différents planchers des étages, de huit mètres de large par trente mètres de long : sacrée construction. À la fréquence résiduelle, je trouvais l'endroit où un palan (invention d'Archimède) devait être utilisé pour acheminer des éléments lourds aux étages supérieurs. Également juste avant des fréquences résiduelles de bains, d'une autre époque, c'était des thermes romains. Et dans la tour au rez-de-chaussée soit au sol, je sentis cette fréquence qui me fit penser à la Shoah, des personnes toutes serrées les unes contre les autres, pétrifiées de peur, ce qui me rappela les wagons de la déportation. J'avais déjà ressenti ces fréquences de génocide sur Tauroeïs. C'était une impression qui revenait souvent, comme si à Tauroeïs, tout avait été rasé, une volonté d'effacement total, plus une pierre debout.

Sachant que c'était César qui avait gagné, en envoyant son amiral Brutus, la bataille navale de Tauroentum / Tauroeïs, je lui imputais donc cette volonté d'effacement total. Je ne voyais que lui pour faire cela, une décision de dictateur du type : " que pas une pierre de Tauroeïs ne reste debout ". Je pensais alors, sans preuve évidemment, juste en théorie, qu'il avait dû avoir beaucoup de pertes, trop de pertes dans le piège défensif de la muraille et qu'il avait dû vouloir effacer ce système défensif comme on veut effacer une arme secrète. On m'avait dit qu'il avait mis dans la bataille navale de Tauroentum / Tauroeïs (datée au 31 juillet 49 avant J.-C.), ses meilleurs centurions, dont certains étaient avec lui depuis le début, qui avaient dû possiblement mourir sur le système défensif. Il voulait donc certainement cacher ce grand nombre de pertes, car quand on voit que lui-même indique qu'il a perdu que 1000 hommes sur le siège de Massalia auquel il inclut la bataille de Tauroentum, il est clair que cela me semblait minimisé. Depuis le début, de toute manière je savais que le récit de César était faux de par ce que j'avais relevé sur la bataille navale de Tauroentum. Ne dit-on pas que l'histoire est fausse, elle est écrite par les vainqueurs?

Je portais ces éléments à la connaissance d'un autre archéologue amateur comme moi, car hormis ceux qui sont diplômés d'études supérieures, nous sommes tous des archéologues amateurs.

Alors il ne faut pas partir en courant, au contraire, le véritable archéologue, du moins certain de ceux que j'ai rencontrés, ne prennent aucun risque. Ils se basent uniquement sur du concret, des fouilles, etc. C'est-à-dire que si j'étais comme eux, ce livre n'existerait pas donc, et je serais resté dans des spéculations qui m'auraient induit en erreur.

Le discours officiel archéologique actuel que j'ai entendu fréquemment, c'est :Tauroeïs est la citadelle à Duprat, fouilles faites dans les années 30 du siècle dernier, et Tauroeïs avait 180 habitants, boom…

C'est comme à Marseille : on a trouvé que d'un côté du port les vestiges de la ville antique, et de l'autre côté, comme on n'a rien trouvé, ils disent qu'il n'y avait rien. Donc les Grecs laissaient la place aux assaillants soit le quai d'en face… Évidemment je ne suis pas d'accord. Il y a un rempart qui a fait penser aux limites de la ville, pourquoi ne serait-il pas plutôt celui d'un bastion militaire interne grec, laissé par les Romains ?

Je développerais cette théorie plus tard.

11

La bataille navale de Tauroentum / premier pas

Alors pourquoi je pensais dès le début de mon entreprise que César avait menti sur son récit? Je ne savais pas quand aborder le sujet, mais c'est le moment, car en parallèle de mes recherches terrestres, il y a cette fameuse bataille navale de Tauroentum dont on n'a jamais trouvé l'emplacement précis, sur laquelle je travaille aussi et pas qu'un peu. Quand j'ai trouvé l'ancre grecque, on m'a envoyé un archéologue amateur donc, pour commencer une authentification. Et c'est là que lors de notre discussion, il m'apprend l'existence de la bataille, que j'ignorais totalement, qui se serait passée entre Sanary-sur-Mer et La Ciotat, avec ce détail qui fit un rappel cognitif dans ma mémoire. Il me précisa qu'ils avaient fait des radeaux pour se battre sur l'eau comme sur terre… Et là ce fut comme un éclair dans ma tête, je lui dis " je sais où elle est !" . Quand j'avais 14 ans lors de mes baignades d'été, je ne peux pas dire encore où, j'avais vu sur des hommes se battre à l'épée sur la mer comme s'ils se battaient sur terre, soit à plat sur l'eau. Un flash qui m'avait effrayé et qui n'avait duré qu'une dizaine de secondes. Je fronçais les yeux une première fois de peur, pour que cette vision s'efface, sans résultat, puis une deuxième fois et là ils avaient enfin disparu.

Rassuré, je me disais qu'il avait dû y avoir une bataille navale sur ces flots, mais cela ne collait pas, ils n'étaient pas sur des bateaux. J'avais juste dit à mes compagnons de baignade à l'époque, " il a dû y avoir une bataille ici ". Je promettais à l'archéologue amateur qu'on m'avait envoyé de retourner à l'endroit de ma vision pour essayer d'avoir plus d'informations. Il me dit également, qu'on ne savait rien sur la prise, le siège de la ville de Tauroeïs qui a dû suivre la bataille, que César n'avait rien mentionné à ce sujet, et pour cause vu les pertes qu'il avait dû avoir sur la grande muraille défensive comme je le penserai plus tard. Je donnerai par la suite d'autres éléments sur cette omission de César.

Je fis une première lecture (on était vers la fin août 2022) de la bataille de Tauroentum terrestre, soit la prise de Tauroeïs, à partir des baux en regardant les îles des Embiez. Je vis alors la première partie du siège de Tauroeïs que je citerai plus tard.

Alors comment je fais, même moi ça m'étonne. Je m'assois, je me détends, je me concentre et je vois, sens, des fréquences résiduelles et j'en déduis le déroulement.

Je suis d'accord c'est assez inhabituel, même moi je suis assez perplexe sur le sujet.

C'est comme si j'avais une forme d'accès à la mémoire des âges, mais il faut que je sache ce que je cherche avant. Enfin, on verra quand on trouvera les restes de la bataille navale, si mes ressentis étaient vrais.

Personnellement j'en suis convaincu à 700% mais cela ne valide rien évidemment, car cela reste subjectif.

Ensuite je retournais à l'endroit de mes baignades d'adolescent et pareil je m'assois et j'ai le déroulement de la bataille. Alors il n'y a pas les couleurs, trirèmes, etc. Non, ce sont des masses noires. Il ne reste que les masses noires qui correspondent aux endroits où il y a eu des morts. Je délimite la position des bateaux avant la bataille, pendant et après, et l'épisode du radeau où les soldats s'affrontent dessus. Il y a une première zone de combat sur une ligne droite et l'autre en courbe comme une volonté d'encerclement. Soit deux zones distinctes de combat. La première comporte un pic noir massif, une émergence noire qui sort de l'eau, dont je n'ai pas vraiment compris la signification au début, je me suis juste dit, à cet endroit ça a dû vraiment barder. La deuxième zone de combat, bien distincte de la première, en comporte deux autres, mais plus petites.

J'envoie le compte rendu de la bataille à des archéos et j'ai comme réponse : il faudra qu'on aille vérifier. Un autre archéo ne me dit rien du tout suspectement. Or, quand j'ai fait la lecture des fréquences de la bataille, je n'avais aucune connaissance du texte officiel de César dans la guerre civile et des autres traitant du sujet.

En fait ce dernier délimite bien deux flottes, celle des Marseillais, Massaliotes, et celle de Nasidius, flotte romaine envoyée par Pompée à l'aide des Massaliotes. C'est l'épisode de la guerre civile entre César et Pompée, les Massaliotes ayant soutenu Pompée, devenus automatiquement par cet acte les ennemis de César, ce dernier décida alors de les attaquer (selon César). Pour lucain (La pharsale) la version est différente, d'abord les Massaliotes sont neutres dans le conflit, puis à l'arrivée des légions de César à Massalia, les Marseillais leur refusent l'accès à la cité mais pas à Cesar et du coup ce dernier leur déclare la guerre. Je dirais vers la fin du livre et plus ou moins en conclusion générale ce que je pense de tout cela en fonction des éléments que j'ai recueillis avec mes procédés, à savoir que cela a toute son importance, car c'est l'une des raisons supplémentaires de l'écriture de ce livre, car des informations de ce type, vous n'en aurez nulle part ailleurs pour l'instant.

Donc dès le début j'ai bien compris en voyant le déroulement de la bataille que vu ce qu'on m'avait dit de la victoire de Brutus, l'amiral de César, cela collait moyen avec le texte.

Les Romains sont cités comme vainqueurs avec plus ou moins de facilité, or de ce que j'ai vu, j'ai plutôt envie de parler de quasi-égalité, les Romains ont pris cher. Vainqueurs soit, mais ils n'en menaient pas large.
Les Marseillais se sont battus de façon à donner une défense solide. Le nombre d'épaves que l'on trouvera réellement sur le site nous révélera peut-être des indications dans mon sens, dans de futures fouilles sous-marines qui j'espère auront lieu aussi. Ce livre est fait aussi pour porter ces fouilles et réveiller des forces et moyens qui pourront les effectuer. César nous indique cinq trirèmes grecques coulées, les fouilles parleront peut-être un jour et nous saurons, en dehors de mes allégations fébriles de par leur moyen de constitution, si le récit de César était juste. Mais je pense évidemment qu'il y aura beaucoup plus d'épaves.
Voilà donc comment je sais depuis le début que le récit de César me paraissait faux et qu'il ne fallait pas pour mes travaux que je me base dessus, à part pour les dates.

Je fis à l'époque, soit en septembre 2022 une petite vidéo sur le lieu de la porte nord où il y avait les chaudrons et où il y a aujourd'hui soit 2000 ans plus tard, un arrêt de bus, soit une singularité d'écart temporel qui me fascine toujours.

Dans cette vidéo, je parlais avec fierté du fait que j'avais trouvé la muraille défensive des Massaliotes que César avait omis dans son récit de la guerre civile, ensemble défensif voulu resté secret et oublié pour cacher son efficacité, les pertes, et surtout qu'on ne la reproduise nulle part je pense.
Une arme faite pour digérer une armée, redoutable même pour les légions romaines de César. J'avais alors l'impression de mettre un uppercut à César 2073 ans plus tard, autant dire que je me frisais tout seul, car à l'époque comme encore aujourd'hui, personne n'ose prendre ma voix. Cela viendra plus tard pour certains éléments, je pense.

12

Le ceinturon de la place du Mail

Je retournais ensuite à l'étude de la grande muraille défensive et des différents ceinturons qui la composent. Je m'attardais sur la place du Mail où se situe un jardin d'enfants, lieu d'études salvateur, puisque l'on a accès à pied à tout l'édifice, n'étant pas sur une zone privée comme la majeure partie du reste de la grande muraille. Le ceinturon est un endroit où le taux est plein au sol sur douze mètres de large, soit sa largeur est de douze mètres, il joint les triples remparts sur une longueur de trente-cinq mètres environ, ce qui fait que la largeur des triples remparts est moindre au ceinturon qu'à son départ à la porte nord. Il y a des ceinturons où j'ai eu du mal à déterminer la largeur à cause des zones privées et un taux particulièrement effacé parfois, du coup sur un ou deux ceinturons j'ai eu une hésitation entre douze mètres et seize mètres, mais finalement je préfère statuer sur une largeur de tous les ceinturons à 12 mètres de large.

De toute manière, je ne demande qu'une chose : une correction par des appareils scientifiques créés pour la cause. Je décidais d'essayer de voir si je ne pouvais pas dessiner l'édifice en volume comme je l'avais fait pour le grand temple de Tauroeïs. Je m'assois donc à un angle de la place, je regarde en direction du ceinturon, déjà délimité au sol par mes relevés et j'attends comme j'avais fait pour le temple.

Et là je commence à voir de gros blocs carrés se délimiter dans le ciel, comme des escaliers à la Mario Bros (référence contemporaine et populaire catastrophique pour le sérieux d'un archéologue, je vous l'accorde, néanmoins ça colle parfaitement et tout le monde comprend…). Je réalise alors que le champ électromagnétique résiduel existe en trois dimensions et non uniquement au sol : miracle ! Avec une caméra permettant de le visualiser, on aura tout ! Une avancée fulgurante pour l'archéologie et l'histoire, on va pouvoir, d'autres que moi également, toucher l'histoire comme je le fais depuis le début.

Donc la partie supérieure des ceinturons est comme un escalier. La base zéro est le haut des remparts soit environ à dix mètres j'estimais, puis posés dessus, deux carrés comme des legos de cinq par cinq mètres environ et sur ces deux carrés, un autre carré venant couronner l'édifice.

De mon angle de vue je voyais des carrés avec efforts, mais il s'agissait de forme cubique évidemment.

Après ces derniers, à la base zéro, soit à dix mètres de hauteur, je sens qu'il y a quelque chose, une fréquence différente que je n'arrive pas au début à déterminer. Puis je comprends qu'il y avait là de petites catapultes et même en précision j'ai l'information qu'elles jetaient des braises incandescentes.

Ça m'a surpris, je voyais plus des pierres, des projectiles, des braises incandescentes ? Ça tombe à côté, on marche dessus, si on s'en prend je ne voyais pas là une efficacité redoutable si on a une légère armure de protection comme un plastron et un casque ou autre. Plus tard je trouverais un élément qui va compléter ces pièces d'artillerie et qui fera que ces braises incandescentes étaient bien plus que redoutables et là je dirais d'accord : validation totale comme une arme de défense pour dégâts létaux.

Les carrés que j'avais vus, où le champ électromagnétique résiduel en trois dimensions se distingue plus facilement si en fond se trouve du ciel bleu, cela fait une perturbation, comme un signal/bruit. C'est fouillis très légèrement alors qu'à côté le ciel est bleu profond.

C'est avec ce procédé que j'ai délimité également la longueur de la tour fortin de 60 mètres environ en allant sur l'avenue des palmiers et en regardant vers la tour fortin.

Je vis alors où la perturbation électromagnétique s'arrêtait dans le ciel et donc j'en ai déduit la longueur sans aller sur la zone privée. Je décidais d'évaluer avec le même procédé la hauteur de la tour fortin dans le ciel. Au moins vingt mètres de haut apparemment.

Une verrue dans le paysage donc, faite pour être vue de loin, impressionner, pousser l'assaillant à attaquer par la porte sud où les chaudrons les attendaient.

Faite aussi pour dissuader les Ligures et quiconque de venir s'y frotter, car à l'époque de la construction de Tauroeïs 2ème époque ,estimée à 300 avant J.C donc, les Grecs sont en paix avec les Romains. En 154 avant J.C, les Massaliotes font même appel à Rome pour les aider à combattre les Oxybiens de la vallée de la Siagne ayant mis en siège Antipolis et Nikaïa. Rome envoie alors deux ambassadeurs pour juger de la situation et décide d'intervenir en envoyant des légions.

Alors qu'avec César, 100 ans plus tard, c'en a été autrement.

Avec la technique de la visualisation, je décidais d'aller essayer de dessiner en 3D le petit temple trouvé au début. J'y arrivais péniblement car il n'y avait pas de ciel bleu en fond, du coup j'ai vraiment forcé pour l'avoir.

Un petit temple ressuscité dont il ne reste absolument rien, ni pierre ni traces dans les écrits, juste son résiduel électromagnétique. Un petit miracle, et un plaisir phénoménal de la découverte bien loin du couloir défensif des chaudrons.

13

Recherche de la hauteur des remparts

J'avais le dessin en trois dimensions du début des remparts qui se dessinait dans le ciel sur le ceinturon de la place du mail. Mais comment mesurer leur hauteur ? Je n'allais pas louer une grue, quoique j'y avais pensé, bien en dehors de mes moyens évidemment et avec quelles autorisations ? Pour essayer de voir par-dessus le ceinturon et pourquoi pas la tour fortin. Enfin une caméra visualisant le taux sur un simple drone ce sera plus simple quand elle sera créée. Donc il me fallait un système de graduation métrique pour pouvoir déterminer la hauteur des remparts et en déduire également la hauteur des volumes cubique sur les ceinturons. J'avais comme seul repère un lampadaire rural public qui faisait face parallèlement au premier rempart. Je n'ai jamais appelé les services de mairie pour demander la hauteur de leurs lampadaires, car je n'avais pas envie d'avoir a tout à leur expliquer et pour cause...

Du coup à la maison j'ai pris une gaine rigide électrique de deux mètres de haut et je l'ai scotchée au lampadaire, puis j'ai fait une photo. J'ai pu donc ainsi déterminer la hauteur du lampadaire puis celle de la muraille. J'estimais la muraille ainsi à 10,5 mètres. Plus tard j'eus accès à des documents officiels où la hauteur du rempart trouvée à la citadelle du Brusc était de onze mètres.

Cinquante centimètres de différence donc potentiellement les remparts du triple rempart devaient être de la même hauteur, logiquement ils devraient être identiques. J'étais assez satisfait, car pour la première fois une des données que j'avais relevées avec mon mode d'acquisition concordait pratiquement avec un relevé réel.

14

La continuité dans la mer du triple rempart

Je décidais aussi d'aller voir si le triple rempart continuait après la tour fortin, car effectivement on ne met pas trois remparts d'un côté et de l'autre rien du tout, soit de la tour fortin à la mer, sinon on crée une faille défensive exploitable. Effectivement je retrouvais à côté du premier rempart du tout début, soit sur la butte de la Citadelle, les deux autres remparts manquants. Je les suivais jusqu'à la mer, là où à la première visite j'avais dit à Sylvain " ici je sens quelque chose " et qui m'avait rétorqué qu'il n'y avait rien ici d'officiellement trouvé. En fait, il y avait bien un rempart. Je pensais même à l'époque que c'était le début de Tauroeïs, soit le premier mur d'enceinte. Et pratiquement à côté, la petite tour que j'avais vue bien avant mes recherches, qui s'imbriquait entre deux des trois remparts.

De par l'orientation de l'édifice, on pouvait facilement comprendre que de la tour, il suffisait aux soldats hoplites (désignation des soldats grecs de l'époque) de garde, de juste passer la tête hors du rempart pour pouvoir en deux coups d'œil, soit à gauche et à droite, vérifier s'il n'y avait personne au pied de l'édifice, côté est puis ouest.

Ensuite l'enceinte reprend jusqu'au rond-point de la Citadelle alors que le triple rempart plonge directement dans la mer, le niveau de la mer étant, il y a 2000 ans, officiellement environ deux mètres plus bas. Vu ce que j'ai trouvé, je pense plus à quatre mètres minimum, max cinq ou six, mais ça paraît vraiment énorme une aussi grosse montée des eaux ou alors certains des remparts étaient à moitié immergés, mais cela semble peu viable. Partons gentiment sur quatre mètres et c'est déjà énorme. Mais si c'est réellement cette différence, il va falloir en trouver la cause, à savoir un événement géologique conséquent.

J'en profite d'ailleurs pour poser ici ma théorie à ce sujet. Mon récit me vaudra certainement le courroux d'archéologues et d'historiens, pourquoi ne pas se rajouter celui des géologues et des volcanologues. J'ai envie de dire que par rapport aux structures que j'ai trouvées et qui pour certaines ne pouvaient qu'être immergé, j'ai des différences de profondeur de niveau de la mer qui varie.

Par endroits, les deux mètres officiels concordent et sur certains c'est quatre mètres à Tauroeïs et huit mètres à Antibes/Antipolis, si les traces visibles au satellite sont bien la continuité des remparts comme je l'indiquerai plus tard.

Sommes-nous en présence d'un glissement interne de la plaque eurasienne soit un glissement / subduction de la partie de la plaque eurasienne de la Côte d'Azur sous la microplaque italo-adriatique ? Cela pourrait coller. Il y a le bradyséisme aussi, phénomène où la lave souterraine chauffe des nappes phréatiques qui en s'évaporant forme de la vapeur qui soulève la croûte terrestre. Puis après une éruption volcanique, la chaleur interne redescend, la vapeur baisse et la croûte terrestre également comme à Baia, une ville romaine engloutie dans le golfe de Naples. Mais là, sur toute la Côte d'Azur et avec quel volcan? Là pour le coup on va laisser parler les experts. Cependant il y a une petite caldeira ici entre le cap Nègre et Évenos alors pourquoi pas, mais la dernière éruption est trop éloignée de notre ère. Peut-être le phénomène n'a pas toujours besoin d'une éruption ou que la hausse du niveau de la mer est due à une combinaison des deux phénomènes. Mais revenons à Tauroeïs.

15

Le bastion nord et sud

Quand nous étions arrivés au rond-point de la Citadelle au tout début, il y avait ce que Sylvain pensait être l'entrée de Tauroeïs. Or non c'était l'entrée du bastion nord que je venais de trouver en le délimitant. Le bastion nord avec sa caserne, place d'entraînement, petit temple, porte d'entrée sécurisée avec le même principe de portes successives, mais seulement deux cette fois-ci, certainement des chaudrons, mais je crois qu'il y avait des orifices sur les côtés des murs permettant des tirs directs sur l'assaillant au sol. C'est en pleine rue, il y a du bruit, des voitures, du passage, il est difficile de se concentrer et c'est encore une zone de mort, je ne suis pas fan, mais c'est comme un couloir défensif miniaturisé par rapport aux deux portes nord et sud, comme un rectangle de dix mètres de large par quinze mètres de long. Il faudrait que je l'étudie profondément mais on attire l'attention, des personnes nous demandent ce qu'on fait, on discute, etc, etc...

J'aurais rêvé d'avoir comme une autorisation officielle où une couverture légale, ainsi je me serais assis pendant des heures pour lires les fréquences résiduelles tranquillement, si quelqu'un me demande ce que je fais là, paf je sors la carte officielle de je ne sais pas quoi et c'est parti pour le voyage temporel au travers des fréquences résiduelles, ce sera peut être le cas, un jour je l'espère. À ce sujet les fréquences résiduelles de l'antiquité, du moins les grecques, sont vraiment fortes. On y baigne dedans sans s'en rendre compte. On s'y sent bien parfois selon le lieu et on attribue ça à des événements personnels. Ça peut être cela évidemment dans 99% des cas, mais il y a ces lieux sur la côte où on sent notre énergie qui circule et qui amène du bien être etc, et je vous le dis texto, vous êtes possiblement chez les Grecs. Vieux Nice Nikaia, vieil Antibes Antipolis, Saint-Tropez Athénopolis, Olbia Hyères l'Almanarre, Cassis, La Ciotat, vieux port de Marseille etc, et Tauroeïs évidemment. Il y a des endroits où je n'ai pas de remparts au taux vibratoire, pas de temple, comme le site du Mouret au Brusc, première occupation grecque, du moins dans l'enceinte délimitée par les restes de remparts qui y ont été trouvés, où il y a un taux vibratoire de présence très élevé. Et ça par endroits, on ne peut l'imputer qu'au Grecs massaliotes pour ma part. Mais c'était qui ce peuple ?

2000 ans plus tard, les fréquences dont ils ont chargé leurs lieux de vie sont toujours présentes : stupéfiant. Comparées à celle des nazis par exemple qui ont occupé l'île des Embiez pendant la Seconde Guerre mondiale, les fréquences résiduelles sur les lieux des tourelles de mitrailleuses sont extrêmement faibles, alors qu'elles n'ont pratiquement que 80 ans. 3% d'intensité par rapport aux fréquences des Grecs.

Celles des Romains sont un peu moins fortes que celles des Grecs, plus vulgaires, plus le peuple, comme nous en fait dans le sens de civilisation ou le petit peuple est en nombre important, la masse. Les Grecs semblent beaucoup plus élitistes, à Tauroeïs c'est évident comme c'était la forteresse des riches, donc la différence se fait grande. D'ailleurs à ceux qui m'ont dit autant de pierres ce n'est pas possible, c'est l'argent qui a fait Tauroeïs, car le luxe de l'antiquité apparemment c'est la sécurité.

Une fois le bastion nord délimité, cartographié, j'ai compris qu'il venait fermer la muraille défensive au nord. Je me suis alors demandé s'il n'y avait pas également un bastion à la Gardiole pour fermer la grande muraille défensive au sud donc, reyoyo. Bingo, je trouvais le bastion sud de la porte sud où le couloir des chaudrons de 40 mètres de long et les portes précédentes délimitaient son commencement sur sa face nord.

J'ai pu, en regardant à travers des grilles détecter seulement la caserne, il est sur une zone privée . J'étais amputé de la possibilité d'effectuer sa cartographie du coup.

La grande muraille étant bouclée comme je le pensais à l'époque, je n'avais toujours pas trouvé les habitations... J'avais trouvé trois petits murs espacés de 3,4 mètres dans le port du Brusc pas loin du bastion Nord, mais cela ne collait pas, deux habitations seulement. J'en avais parlé à Sylvain qui s'énerva en disant que des fouilles avaient été faites dans le port et qu'ils n'avaient rien trouvé, cette réaction venait, je pense, qu'il venait de se rendre compte qu'on ne peut pas toujours se fier aux documents officiels. Or plus tard l'élucidation de ces trois petits murs lui donnera raison. Il ne s'agissait pas d'habitations, mais de quelque chose de bien plus important pour la suite.

16

Premier saut sur l'île des Embiez

Sachant que des éléments grecs avait été trouvés sur l'île des Embiez et que je n'avais pas encore trouvé les habitations, je décidais d'anticiper ma visite aux îles des Embiez, car je devais depuis le début y aller avec un autre archéologue, visite qui ne s'est jamais faite par manque de temps où autre. Il fallait aussi que j'aille vérifier la position du grand temple de Tauroeïs à côté de la tour fondue.

Je prends le bateau navette au port du Brusc donc, je m'en souviendrai toujours. Je regarde le Brusc derrière moi, je ne vois pas le Brusc, je vois le bastion nord, la tour fortin, la muraille. Je les situe, je connais leurs positions exactes dans ma tête pour les avoir cartographiées, je regarde une partie de Tauroeïs, je vois à travers le temps par savoir et non par simple ouverture des yeux.

Première visite à l'île des Embiez, en incognito, simple touriste apparent avec quelques impressions d'écran de l'île, de la pointe du Cougoussa, soit le lieu de la tour fondue.

Je sors du bateau, premier pied à terre, boom je suis frappé par la tranquillité et le taux vibratoire élevé. Oui, on est bien chez les Grecs, l'île en est imprégnée. Un peu après l'embarcadère, je passe en marchant sur quelques présences de taux vibratoires que j'ignore. À cet endroit, si près du port, cela n'avait pas de sens. Je pensais alors qu'il devait s'agir de constructions.

Je continue côté ouest. Je trouve une configuration bizarre que la mer m'empêche de finir, mais je ne m'attarde pas, je ne veux pas me faire remarquer. J'essaye toujours de travailler discrètement. C'est un premier repérage . Je comprends rapidement à la fréquence résiduelle qu'il y avait comme un petit port côté ouest de l'île où les Grecs laissaient accoster les assaillants en bateau, appontage facile, mais c'était un piège. Les troupes débarquaient et entraient dans un dédale de murailles / remparts, un vrai labyrinthe avec aucun accès final à la ville ou à la forteresse. Je pense immédiatement à l'île du Minotaure, mais on est à côté de Marseille et non en Crète à Cnossos chez le roi Minos. Je ne trouve pas de forteresse, je ne l'ai toujours pas trouvée d'ailleurs, mais je n'ai pas trop travaillé sur l'île, j'attends d'avoir des autorisations. Il faut être vraiment détendu pour se concentrer.

Le Minotaure… déjà la quantité de pierres, maintenant le dédale, ce qui fait encore des pierres en masse, et en plus une ressemblance au Minotaure… Je me suis dit " on me croira jamais " et on ne me prendra pas au sérieux. Du coup je décidais de ne pas trop parler du dédale pour essayer d'avoir le maximum de crédibilité afin de plus facilement inciter à lancer des recherches sur l'élucidation scientifique du taux vibratoire grec dont j'avais compris qu'il s'agissait en fait, d'un phénomène physique à part entière.

Ce qui permettra avec une caméra le visualisant, de cartographier ce que j'avais trouvé et qui sera considéré comme un élément irréfutable, donnant un plan en une seconde, avec un drone ou un satellite.

Donc le dédale, au placard dès le début. Il y a aussi l'histoire de l'origine du nom de Tauroeïs. Dans les textes antiques (Artémidore,1er siècle), livre premier de sa géographie cité par Étienne de Byzance (VIe siècle , dans abrégés des ethniques). Il y a cette histoire que poussé par une tempête les Grecs se seraient échoués sur une plage du Brusc, et y aurait trouvé refuge et patati patata. Il y avait un taureau à la proue de leur navire, bref une jolie petite histoire. Moi je pense (à l'époque) que Tauroeïs était nommé sous le signe du taureau comme étant une place forte, un champ où il y a un taureau, on entre : on se fait terrasser.

C'était ça Tauroeïs de ce que j'en avais vu, de plus du dédale pouvant faire écho au Minotaure.
Alors ils l'auraient découvert ainsi ? Et le site du Mourret(*) , premier site d'occupation date de 450 avant J.-C selon les fouilles, soit 150 ans avant la création de Tauroeïs telle que je l'ai découverte. Il se trouve à un kilomètre de la grande muraille ou 1,5 kilomètre de la côte interne de la rade où il semble que ce soit le plus probable que l'échouage est eu lieu...donc il connaissait déjà Tauroeïs, bref je reviendrais sur ces constatations sur le final.

*Le Mourret (Six-Fours-les-Plages, Var) : habitat fortifié grec (fin Ve s.-première moitié IVe s. av. J.-C.) (F. Brien-Poitevin)

17

Le grand temple de Tauroeïs

Je passais le dédale et je fonçais vers le grand temple. J'étais très impatient. Il fallait que je vérifie ce que j'avais vu de la côte, de plus, comme le grand temple de Tauroeïs est cité dans les textes, trouver quelque chose qui est déjà considéré comme existant, c'est déjà plus rassurant. J'arrive sur le site. La colline est bel et bien en pente. J'avais dit à Sylvain que le temple était là. Il m'avait répondu que ce n'était pas possible, car ce n'était pas plat. Je prends la petite route qui fait crochet jusqu'à la tour et à un moment je vois une rigole sur le chemin. Je me dis que peut-être il commence là. Souvent les gens font des constructions inconsciemment à des endroits où il y a le taux résiduel, sans le savoir, ils font en fonction de ses limites et de sa présence. Or non rien du tout au niveau de la rigole, mais il commence juste quelques mètres après par un taux vibratoire plein, aucune coupure comme c'était le cas pour les remparts de part leur faible largeur.

Je continue plein d'espoir, j'arrive à la limite sud. Fin du taux vibratoire plein, je marque un second trait sur mon image satellite. Je vais chercher la largeur, je traverse de la végétation très dense, je la délimite et le temple est en plein dessus de cette dernière. On ne peut pas se déplacer à l'intérieur…
Impossible à cartographier... Ma plus grande déception de Tauroeïs : grand temple non cartographiable…
De plus le temple est sur un socle…et c'est le socle au sol dont je viens de faire les limites. Ce qui explique qu'ils n'avaient pas pu penser qu'un temple puisse être ici, car c'était le socle qui créait l'aplat nécessaire pour la construction du temple, de plus il n'en reste absolument aucune trace, pas une pierre... La pente rendait donc la conception de l'édifice à cet emplacement impossible. Un socle (désigné pour un temple grec par le terme de crépis) c'est tout, et oui il fallait y penser. Je décide alors d'essayer de trouver les mesures du temple au visuel, soit le champ électromagnétique résiduel en trois dimensions. Je scrute le ciel au début du chemin, l'édifice apparaît, immense, presque effrayant de par la perspective et le fait que je sois tout prêt, bien quinze mètres de haut peut-être. Il paraît vraiment démesuré, massif, presque laid, trop imposant. Mais ce n'est que la masse globale du champ résiduel. Je ne distingue ni colonnes ni ornements etc.

Une future caméra permettant de visualiser le taux nous en offrira beaucoup plus j'imagine, comme la visite en trois dimensions avec un drone par exemple. Je comprends que le socle menant au temple est en escalier.

Derrière le temple, il y avait des statues et une zone d'offrandes leur était dédiée. Je repars affreusement frustré et je me dirige vers l'est de l'île, soit le passage du grand Gaou, pour chercher à nouveau la muraille ou le rempart d'enceinte de la chôra.

Je trouve un rempart, mais je n'ai pas le temps de m'attarder, le dernier bateau part à 18 heures, je dois activer le pas si je veux finir le tour de l'île. Le rempart traverse logiquement vers le grand Gaou. Il se dirige vers le bastion sud pour fermer la grande muraille défensive. Je continue, j'arrive aux salins, sensation forte, je me dis la ville était ici, en fait c'était l'Agora, élément que je déterminerai plus tard. Je continue, je cherche un rempart du côté nord et je le trouve ainsi que d'autres éléments, mais je presse le pas, je ne veux pas louper le dernier bateau sinon je resterais coincé sur l'île. Les autres fois, je pris un vélo pour gagner du temps. J'attrape finalement le bateau de retour. Une fois à bord, le bateau navette manœuvre et sort du port des Embiez, et boom, étant tranquillement assis sur ce dernier, je ressens successivement à 100 mètres du dernier quai du port à peu près, le passage des trois remparts… dans l'eau.

Donc le triple rempart vient aussi jusqu'ici, et en plus il y a un tronçon dans l'eau et c'est assez profond à cet endroit-là. Plus j'avance, plus je m'éloigne des archéologues, plus ce sera difficile de leur faire prendre en considération tout ce que j'ai trouvé.

Arrivé à la maison je me jette sur géoportail et l'outil mesure de distance pour avoir les côtes du temple et de son socle comme je l'ai fait pour tous les relevés pédestres jusqu'à maintenant : 60 mètres par 30 pour le socle / crépis et 50 mètres par 20 pour le temple. C'est tout ce que j'aurais sur le temple à ce moment de mes recherches. Quand je regarde les Embiez de Sanary, je sais juste qu'il se trouvait tout en haut, aujourd'hui encore avec son champ électromagnétique quasiment invisible.

18

Le triple rempart du grand gaou

Pour situer : géographiquement nous avons d'est en ouest, le Brusc, la presqu'île du petit Gaou, la presqu'île du grand Gaou puis l'île des Embiez.

Je devais vérifier le relevé que j'avais fait sur l'île des Embiez et qui fonçait tout droit vers l'île du grand Gaou. Voir où elle passait pour cartographier avec exactitude le contour des murailles de Tauroeïs soit la chôra de Tauroeis. Chôra voulant dire en grec le territoire, là où le territoire s'étend. Ce fut le but de ma prochaine expédition pédestre, rien de bien méchant, tout le monde s'y balade le week-end. Quand je fais mes relevés, je me mets obligatoirement en état d'hypersensibilité comme indiqué au début, ce qui fait que je peux revisiter des lieux où je suis déjà passé plusieurs fois précédemment et y voir des éléments tout à fait différents et nouveaux. Arrivé au grand Gaou, je traverse le grand plat où les concerts de musique sont donnés chaque été.

Ce lieu m'avait toujours intrigué. Et là, je sens à la fréquence résiduelle qu'ils réparaient les bateaux ici, comme un chantier naval. Or je considère l'information peu crédible, car je ne vois pas où est-ce qu'ils faisaient les mises à l'eau. D'un côté il y a la lagune, 30 cm de profondeur par endroits et de l'autre les rochers sont abrupts, de plus il fallait enjamber la muraille…

Je me suis dit que c'était peut-être pendant l'époque romaine. J'y reviendrai plus tard. Donc je commence mes relevés de champ électromagnétique. Premier rempart, boom quatre mètres de large… Déjà ça calme, tchao les archéos... J'étais venu retrouver un rempart de deux mètres, bref.

Deuxième rempart, un mètre plus loin, quatre mètres de large également, troisième rempart quatre mètres de large aussi, également espacés d'un mètre : adieu les archéos pour la quantité de pierre.

Et donc ce triple rempart massif semblait se diriger plus au nord que celui de deux mètres que j'avais relevés sur l'île des Embiez en face. Je revins donc avec masque et tuba plus pour confirmer qu'ils traversaient bien la passe. Confirmation faite, le champ électromagnétique est différent dans l'eau et toujours présent, plus agréable je dirais même. Puis je cartographie les trois remparts massifs dans le sens inverse en les suivant jusqu'à l'île du petit Gaou.

Plus tard, avec un petit kayak fraîchement acheté pour les relevés en mer je continuais tant que possible jusqu'à arriver à des falaises surmontées de zone privée. Les trois remparts massifs fonçaient logiquement vers le bastion sud. Le faible espace entre eux suggérait qu'à leur sommet, les trois remparts se rejoignaient pour former un large couloir de circulation face à la mer, une sorte d'esplanade, de passerelle, pour les Grecs de Tauroeïs.

Elle devait permettre en plus de balades en front de mer, un rapide accès au temple et à la possible forteresse que je n'ai toujours pas trouvée sur l'île des Embiez, je n'ai que des suppositions à son sujet, comme je n'ai pas pu encore travailler à fond sur l'île. Elle était également, je pense maintenant, un accès rapide au bastion sud en cas d'attaque pour les troupes, un point fort de la défense de Tauroeis. Le déplacement massif de troupes de la supposée forteresse au bastion sud qui donnait accès à la grande muraille défensive, puis au bastion nord et à sa tour fortin, imprenable. Ainsi les Grecs pouvaient rapidement changer de front en cas d'attaque, si l'attaque venait de la mer ou de la terre ou les deux, un atout majeur d'où cette construction massive. Cela devait aussi permettre pour la population de la ville, une évacuation rapide vers la tour fortin, qui était transformée en refuge du coup, peut-être sa réelle deuxième fonction véritable, si ce n'en était pas la première.

Une partie de cette triple muraille est dans l'eau et laisse comprendre logiquement l'avancée de l'érosion de la mer sur la côte : impressionnante. Il y a sur cette côte un petit port aussi avec certitude, vu d'autres relevés à la fréquence résiduelle que je n'ai pas trouvé, il me faudrait un véritable bateau, les relevés en kayak, c'est assez difficile, navigation et concentration, ce n'est vraiment pas évident.

Il y a le long de cette côte aussi des petites structures, tours et différents édifices dont certains en mer certainement, à cause de l'érosion. Mais par endroit les trois remparts se re-écartent, donc il est difficile de statuer sur une passerelle complète sur la longueur. Peut-être qu' il n'y avait que la fonction d'évacuation de la population de la ville réellement.

Si les triples remparts étaient au sud, et que j'en avais ressenti leur passage sur le bateau en partant de l'île, il fallait que j'aille voir du côté nord, soit dans la lagune, entre le Brusc et les Embiez, si elles s'y trouvaient aussi. Pourvu qu'elles ne fassent pas quatre mètres de large également, je me disais, de façon à avoir plus de chance d'être cru des autres archéologues et de la communauté scientifique, mais ça s'annonçait déjà très mal.

Je me rendis au côté nord pour trouver leur trace.

Évidemment, ils s'y trouvaient et grand soulagement, ils ne faisaient que deux mètres de large et fonçaient tout droit vers l'île des Embiez en traversant la lagune. Quatre mètres de large auraient été encore plus difficiles à faire avaler.

Il faut comprendre que le but profond de cette entreprise est de faire accepter mes recherches afin de lancer des études pour élucider ce mystérieux champ électromagnétique qu'on laissé les fortifications et temples de Tauroeïs.

Donc si quelqu'un vous dit qu'il a trouvé un phénomène inexpliqué permettant de cartographier ce qui n'existe plus de l'antiquité, mais qu'en plus qu'avec ce dernier on trouve des éléments démesurés dont on ne trouve aucune trace dans les textes, ce n'est pas rassurant pour la pérennité de l'entreprise. Grosso modo, ce qui nous reste de Tauroeïs dans les textes des géographes de l'antiquité, comme Strabon et Ptolémée, c'est une description telle que, ville, port, fortification, castrum (forteresse). Et située entre La Ciotat et le Brusc, les cartes de Ptolémée étant fausses en ce point. La précision étant très difficile pour un géographe de l'antiquité comme on peut l'imaginer.
Les trois remparts étaient donc présents sur le port de la mise à l'eau au Brusc, parking corniche des îles, et fonçaient tout droit vers l'île des Embiez.

Ce serait l'un des buts de la prochaine expédition sur l'île des Embiez, savoir où se trouvait le point de jonction avec l'île.

19

Le port de Tauroeïs

Toujours dans l'optique de délimiter la chôra de Tauroeïs, il restait à savoir si les trois remparts du bastion nord, soit ceux qui partaient de la tour fortin et qui se dirigeaient vers la mer, continuaient dans la mer, ou s'ils s'arrêtaient au bastion. Je me rendis donc sur la petite plage au bout du port du Brusc et je retrouvais là mon premier relevé, fait avec Sylvain lors de la visite initiale où il m'avait dit "non là il n'y a rien, ce n'est pas possible etc, c'est un mur récent". Récent je veux bien, mais au-dessus duquel il passait il a 2300 ans le premier rempart du triple rempart, soit je pensais à l'époque, le début de Tauroeïs en ce point. Et les trois remparts entrent dans la mer donc. Retour avec palme et tubas et go. Dans l'eau le champ électromagnétique est plus qu'agréable donc, il fait même du bien, c'est un plaisir de le suivre. Je fais 80 mètres à peu près dans l'eau, puis les trois remparts s'arrêtent net, lieu où il y a maintenant le chenal et les bouées.

Je zigzag entre les méduses pour le retour comme pour l'aller, sans combinaison, ça a été la partie Indiana Jones de l'aventure, enfin c'est là où on se dit : mais comment j'en suis arrivé là. Normalement dans ces cas-là, on ne met même pas un pied dans l'eau, tellement il y en avait en masse.

Je ne pouvais pas continuer aussi à cause de la distance et du chenal où il y avait beaucoup de passage de bateaux, étant nageur je n'avais aucun signalement. Il me fallut alors un moyen d'être sur l'eau pour cartographier et être vu en même temps pour assurer un minimum de sécurité. C'est à ce moment-là que je pris la décision d'acheter ce petit kayak gonflable pour les relevés en mer.

Chose faite, je revins et je traversai le chenal en kayak, armé de mon crayon et de mes photos satellites. Je ne trouvais plus de traces du triple rempart, juste une structure massive encore, imposante, un rectangle de 50 mètres par 30 à peu près, là où les trois remparts auraient dû reprendre après le chenal. Je continuais pour arriver à un endroit où à la fréquence résiduelle se trouvaient les trirèmes, navire de guerre. De superbes fréquences résiduelles, j'en déduisis qu'il s'agissait du port de Tauroeïs, ou l'un des ports, car je pense qu'il y en avait au moins deux, vers le petit Gaou pour le second. Un peu plus loin le port de commerce, avec un quai flottant en bois, j'imagine, car comme pour le quai militaire des trirèmes, il n'y a aucun champ électromagnétique résiduel de quai en pierre, or les fréquences sont bel et bien présentes. Il faut savoir que les trirèmes de l'époque étaient d'abord d'utilité commerciale. Il suffisait d'y rajouter un rostre en bronze à la proue pour en faire un navire de guerre, car cela offrait la possibilité d'éperonner les navires ennemis.

Je venais donc de trouver le port nord de Tauroeïs et je n'étais pas peu fier, quel pied. Il était au port du Brusc, à la cale de mise à l'eau, après le parking de la corniche des îles. Il devait y avoir aussi, à ce port, une porte d'entrée de Tauroeïs pour acheminer les denrées dans l'enceinte de la ville que je n'ai toujours pas pu cartographier, cette dernière étant sur une partie privée du port.

Je compris alors que les entrepôts étaient juste derrière, soit là où il y a la maison du patrimoine actuellement, j'expliquerai plus tard comment j'étais arrivé à ces déductions. La partie massive de 50 mètres par 30 que j'avais trouvée en pleine eau était un non-sens : ils n'allaient pas laisser des soldats sur un îlot, même s'il est vrai que de par son placement quasi central, il était évident que cette structure avait pour but de défendre le port. Je décidais alors de longer le port du Brusc pour éventuellement trouver des murs qui la relieraient à la côte. Bingo et ce fut des remparts de quatre mètres de large. Je délimitais alors le port entier.

La partie nord vers le bastion étant évidemment pour le remplissage des amphores d'eau puisque l'aqueduc grec de Tauroeïs y finissait sa course. Mais je ne savais pas à l'époque où il arrivait précisément dans le port. Je ne pouvais faire alors qu'une simple supposition, le chenal nord du port était pour l'approvisionnement en eau douce.

Le chenal sud, visible sur photo satellite, était pour le port de commerce.

Je trouvais aussi un grand mur tout le long du port du Brusc et je compris rapidement que derrière lui, protégé, il s'agissait d'une ère de rangement, pour les navires en cas de tempête. L'entrée s'y faisait également par le chenal nord, là ou aujourd'hui passent les navettes pour l'île des Embiez. Côté sud du port, il n'y a pas beaucoup de fond et je compris à la fréquence résiduelle que les Grecs avaient laissé là un piège naturel : le marécage. Ils avaient dû laisser visible une porte pour ceux qui, visiteurs du port et espions auraient cru voir en ce marécage et cette porte une opportunité de rentrer la nuit. Sachant qu'ils auraient certainement eu affaire à des mercenaires assassins voulant faire des intrusions nocturnes, ils leur avaient préparé un piège. S'ils arrivaient à passer le marécage, un petit dédale les attendait, que je découvris plus tard.

Tout est vraiment basé sur la psychologie dans cette forteresse, c'est assez incroyable de pouvoir comprendre à quel point les Grecs, pensaient, prévoyaient les défenses de manière très efficace, en fonction de l'anticipation de la psychologie de leur adversaire.

20

Le triple rempart sur l'île des Embiez

Sur terre, du moins côté du Brusc, je pensais que mes relevés étaient suffisants. Je retournais donc vers l'île des Embiez pour chercher les trois remparts et leurs limites. Retour à Tauroeïs donc, car les îles des Embiez sont très fortement imprégnées, et pour cause, de ce que j'appelle le taux vibratoire grec, ce que certains visiteurs lambda traduisent comme une certaine tranquillité.

À l'arrivée au port des Embiez, je me concentrais sur " trouver les trois remparts " afin de pouvoir délimiter d'où est-ce qu'ils partaient de la terre, soit de la pointe du Canoubié, pour pouvoir retrouver ceux que j'avais sentis dans le bateau et les suivre.

Ils étaient bien loin de la côte actuelle et semblaient foncer tout droit vers la partie ouest de l'île. Je pensais qu'ils tournaient vers le port pour retrouver les trois remparts massifs, soit la passerelle du grand Gaou qui elle, une fois passé le détroit du grand Gaou, fonçait vers le centre de l'île.

Je me disais que j'allais peut-être encore trouver des éléments qui allaient encore plus m'éloigner de l'entendement commun des archéologues classiques, de par la quantité de pierre que cela constituerait...

À terre directement donc, je cherchais également les trois remparts qui venaient du grand Gaou et je les trouvis quasiment tout de suite, vingt, trente mètres après la sortie de l'embarcadère. Je les suivis pour finir le relevé jusqu'au côté grand Gaou où je retrouvai leur entrée dans la lagune. Je fis le tour par les salins pour essayer de trouver la jonction des trois remparts qui venait du port de Tauroeïs du Brusc. Je les trouvais, une partie dans l'eau. Je trouvais également deux petits bâtiments dont j'ignore encore aujourd'hui la fonctionnalité, peut-être des bassins, juste avant. Puis le long de la côte nord, en plus des trois remparts, il y a de petites structures défensives que je n'ai pas pu cartographier précisément, ne voulant pas trop me faire remarquer, je n'ai pas voulu chercher par exemple s'il y avait des ceinturons, ce qui je pensais, si cela avait été le cas, m'enterrerait définitivement aux yeux des autres archéologues. Je retournais au port des Embiez pour trouver la jonction des trois remparts, chose faite et j'en trouvais un nouveau tronçon qui continuait vers l'ouest de l'île en longeant le bord de mer…

À mon grand désespoir de convaincre mes semblables également.

Arrivés à l'extrémité ouest, les trois remparts plongent dans la mer à nouveau et foncent vers le petit Rouveau, petite île qui semble avoir été rabotée, aplanie.

Il me parut alors évident que ce rabotage fut l'œuvre des Grecs qui avaient dû y construire un édifice défensif. La petite île est interdite d'accès, considérée comme un lieu de ponte pour les oiseaux, il est impossible d'y faire des relevés pour l'instant.

Remontant dans l'île vers le temple je trouvai encore beaucoup de murailles / remparts dont une d'un mètre de large, ouf, facile a faire accepter celle-là je me disais. Enfin c'était le dédale. Il y a aussi une structure en étoile puis les remparts entrent dans la mer en direction, pour certaines, du Rouveau. Il faudra attendre une caméra permettant de visualiser le champ électromagnétique résiduel des fortifications pour élucider tout ça. Il y a des endroits j'ai des remparts de douze mètres de large tous les trente mètres …mieux vaut une élucidation scientifique, moi là je suis " out " et personne ne me croira (pour l'écriture de ce livre, je suis retourné aux Embiez et j'ai trouvé leur réelle fonction que j'évoquerai dans le prochain volume).

Je décidais alors de faire une première petite carte de la chôra de Tauroeis qui me paraissait quasiment complète à l'époque.

Entre-temps il y avait eu ce fort différent qui m'avait séparé de Sylvain donc qui m'avait mis dans cette aventure au début, j'avais alors continué mon travail dans ce qu'il considérait comme des inepties.

Du coup, il y avait beaucoup de murailles que je n'avais pas notées. J'étais resté sur les trois remparts, c'était déjà pas mal, dès que je trouvais d'autres édifices, je les taisais de peur de n'être pas cru. Libéré du jugement de Sylvain, je décidais d'aller relever des murailles que j'avais ignorées.

Ce fut à ce moment-là, le véritable début de mon aventure, libre, sans limites d'entendement, mon réel début d'archéologue amateur différent.

21

Le 40 m

Je retournais donc à des relevés antérieurs que j'avais effectués à côté du bastion sud soit au chemin de la Gardiole. J'avais jugé ce premier rempart comme une première porte et je n'avais pas osé vérifier de peur qu'on me dise " ça fait trop de pierre, ce n'est pas possible ", si le rempart continuait vers la Thébaïde jusqu'au bastion nord. En même temps je trouvais étrange que les trois remparts se terminaient au milieu quasiment de la tour fortin du bastion nord, laissant justement une avancée de cette dernière sans rempart défensif devant. Des murs de quatre mètres d'épaisseur certes, mais ça ne collait pas avec la logique défensive decouverte jusqu'à maintenant. Je décidais donc d'essayer de voir avec des relevés si le rempart descendait vers le bastion et ce fut le cas. Je venais de trouver le premier rempart de la ceinture défensive. Quatre mètres de large aussi, ce qui était conçu logiquement pour pouvoir résister à des tirs de catapultes. C'était, je pensais à ce moment, la limite est de Tauroeïs.

Il venait s'imbriquer parfaitement dans la tour fortin dont son mur d'enceinte ouest qui devenait alors sa continuité. Et je retrouvais une porte également, soit la première porte que j'avais complètement omise. Il y a une explication à cela. Plus les champs électromagnétiques résiduels des fortifications sont sur des zones fréquentées, plus ils sont atténués.

Trop d'interactions, trop de passages certainement, néanmoins ils restent quand même présents même si leurs intensités sont amoindries. C'est ainsi que sur Tauroeïs, j'ai deux endroits, dont je me garde la localisation, où le taux a le maximum d'intensité. Ce qui sera salvateur dans le cadre de futures recherches pour les mesures, dans le but de trouver la réelle explication scientifique du phénomène.

Je reportais donc ce nouveau rempart avec un premier mur de quatre mètres, une distance de quarante mètres jusqu'au premier des trois remparts, trente mètres entre le deuxième et le troisième, et dix mètres entre le troisième et le quatrième (pour la porte nord). J'allais vérifier place du mail si le ceinturon continuait jusqu'au premier rempart de quatre mètres de large et ce fut le cas. C'était d'ailleurs un relevé que j'avais fait au commencement sans comprendre vraiment de quoi il s'agissait, cela ne coïncidait pas et une zone privée m'empêchait d'aller plus loin.

Je m'asseyais encore pour essayer de voir si je pouvais apercevoir le haut de la structure dans son champ électromagnétique en trois dimensions pour voir si ce nouveau tronçon de ceinturon était de la même forme que celui de la tranche des trois remparts. Il était différent.

Il commençait comme l'autre en mode "Mario Bros", et s'élançait sur vingt mètres environ (voir croquis en fin de livre p 256), j'avais d'ailleurs vérifié si tous les ceinturons étaient identiques en forme, sur le relief en escalier, sur la tranche des trois remparts, j'en retrouvais également la même forme. J'aime à dire Mario Bross non pas parce que je suis un fan de Mario, mais parce que je pense que si ces formes sont sorties de l'imagination des concepteurs, je pense qu'elles proviennent de notre inconscient collectif mémoriel, s'il existe . Petite parenthèse : c'est comme Chronos, l'un des premiers dieux de la mythologie grecque, un titan, le dieu du temps, le commencement, dieu qui mange ses enfants, représenté par de la lave en fusion, volcan. Avant d'être la terre que nous connaissons, la terre a été recouverte entièrement de glace et de neige, où aucune vie ne pouvait subsister en surface. Les volcans ont percé la croûte de glace, du CO_2 à réchauffé l'atmosphère et la vie comme nous la connaissons a pu commencer ses balbutiements.

Avant la terre était figée dans le sens où tout était identique, blanc , puis le temps a commencé, le mouvement. Et les volcans peuvent tuer la vie qu'ils ont créé. Mais comment les Grecs pouvaient-ils savoir tout ça !? Impossible.

Comme quoi nous avons en nous une mémoire collective cellulaire inconsciente, je pense, mais c'est un autre sujet. En tout cas pour l'antiquité, on fait des films péplum où tout est immense, pour le coup cela concorde.

22

Le bras de jonction du port / grande ceinture défensive, les nouveaux ceinturons

Revenons à la grande muraille défensive. Il me restait à trouver la jonction entre les deux murs qui provenaient de la structure massive trouvée dans le port et la grande muraille. Je continuais les relevés donc, tant bien que mal entre les zones privées inaccessibles et les zones publiques où je retrouvais la continuité des murs de remparts.

Le mur sud de la structure massive du port m'emmena jusqu'au deuxième ceinturon... Il en était la continuité. Je compris alors le sens de la structure : pouvoir permettre un mouvement des troupes, soldats, du port jusqu'au front de la muraille côté terre. Soit pouvoir parer une attaque venant de la mer puis rapidement se rabattre sur la grande muraille si besoin. Un mur de quatre mètres partait donc du deuxième ceinturon jusqu'à la structure massive défensive du port. Et le mur nord alors ?

Je le suivais également pour trouver un nouveau ceinturon… entre le premier et le deuxième ce qui bousculait du coup le nombre et l'emplacement des ceinturons… cela venait s'imbriquer dans d'anciens relevés que j'avais ignorés de peur de, vous savez quoi.

Je me dis alors que la distance entre les ceinturons de 180 mètres ne tenait plus, et ce ceinturon entre deux ceinturons était il le seul ?

Non il y avait donc le double de nombre de ceinturons. Entre chacun des ceinturons, il y avait un ceinturon identique aux autres. Ce qui me faisait un total de dix ceinturons, dont plus de cinq étaient reliés par des murs à la structure massive du port.

Cette grande muraille défensive paraissait imprenable et semblait être une forteresse en elle-même.

Les murs de jonctions assuraient une rapidité d'action redoutable. Il y eut alors un nouveau relevé qui me scotcha une fois de plus. Une muraille de quatre mètres d'épaisseur côté ouest soit côté mer à trente mètres du dernier rempart de deux mètres de large de la succession des trois remparts. Ce qui m'offrait une nouvelle vue en coupe de la grande muraille défensive est. Soit au commencement un premier rempart de quatre mètres côté terre, puis un deuxième soit le premier des trois remparts à quarante mètres, le second rempart de deux mètres de large à trente mètres, troisième de deux mètres de large à dix mètres, puis un dernier rempart de quatre mètres de

large à trente mètres. Soit cent dix mètres pour la porte nord du bastion nord, ensuite les ceinturons sont plus petits. Mais ils font 100 mètres de long chacun environ, il y en a dix donc, douze mètres de large chacun, et sur la nouvelle tranche de trente mètres encore une forme en escalier à la Mario Bros…
Autant vous dire à quel point, quand les champs électromagnétiques résiduels seront vérifiés, on va se dire dans le milieu archéologique, mais à quel point on a pu se planter… on est loin de la " mumuraille " là, pitite là, le mur d'enceinte…même au moyen âge ils n'ont pas fait ça : maousse costaud.
J'essayais d'élaborer alors le système défensif interne de la muraille, étant le premier à m'y être confronté puisque découvreur, je me lançais dans une théorie de carré défensif. Chaque carré défensif, délimité entre deux ceinturons a une porte d'entrée, dont j'ai trouvé certaines d'entre elles en zone publique et logiquement un carré défensif, si les troupes assaillantes ne peuvent pas y rentrer, il ne sert a rien, donc les troupes entrent dans le premier carré, sur une longueur de 40 mètres, d'abord une première porte avec remparts de 10 mètres de long en ajout sur les côtés, premières pertes, la porte n'est pas au centre du carré défensif à chaque fois, elle est sur l'un des côtés soit proche du ceinturon, une fois dans le carré défensif, la porte du prochain rempart est de l'autre côté, les assaillants sous le

joug des tirs du ceinturon le plus proche n'ont qu'une issue, la petite porte à droite, ceux qui ont évité les tirs s'y précipitent et se rapprochent des tirs de l'autre ceinturon. S'ils passent le premier rempart, il y a les deux autres qui les attendent puis le dernier, à trente mètres qui mène au dernier mur de quatre mètres, fermé. C'est comme un peloton d'exécution. Seule issue là où vous êtes entrés, aucune possibilité de sortie ou de survie si vous n'êtes pas en position haute, soit sur les remparts.

Un système défensif imparable, une muraille mangeuse d'armée comme je l'avais senti au début.

Vous verrez par la suite que je m'étais planté sur le carré défensif, mais ce sera pour plus tard. Mais j'étais fier d'avoir, je pensais, trouvé une particularité du système défensif massaliote, du moins de cette grande muraille de Tauroeïs. Vous verrez que c'est très difficile de pouvoir mettre des certitudes sur des éléments, déjà de par la nature de mes relevés, mais mieux vaut attendre des relevés scientifiques définitifs, une cartographie par satellite ou drone, et une fois faite, commencer les investigations. Pourtant ça collait parfaitement, ça semblait censé, mais bon… En attendant c'est ce que j'avais mis dans mon premier exposé, super fier, " le système défensif massaliote de Tauroeïs, patati patata, heureusement qu'il n'y en a pas beaucoup qui l'ont lu : plantage total.

Vous verrez c'est bien pire que ça le système défensif, mais maintenant je ne m'aventure plus à faire ce genre d'investigation, quoiqu'à Olbia (Hyères) j'y vais pas mal aussi en investigations et on verra si on me suivra, mais je risque de me trouver bien seul sur une théorie que j'ai élaborée, mais là j'ai du concret, j'ai des blocs de pierre. Je vous en ferai part plus tard dans mon récit.

Donc le carré défensif ce n'était pas du tout ça, mais bon, on apprend par l'erreur. Ce sont de nouveaux relevés après l'élucidation de la nature des champs électromagnétiques qui m'ont amené à des relevés plus précis. Attention ça ne veut pas dire que les relevés jusqu'à maintenant sont faux, non juste qu'il y en a plus… Encore pour m'arranger avec les archéologues classiques…, et leur entendement. Enfin ceux que j'ai rencontrés, ça ne dépasse pas la dizaine rassurez vous, je n'ai pas encore rencontré celui qui va me dire, génial on va pouvoir cartographier toutes les citées Massaliotes et peut être beaucoup de villes de l'antiquité.

Je l'attends celui-là, mais il ne pointe pas le bout de son nez pour l'instant, bref.

23
L'élucidation du bastion nord comme étant le plan à Duprat

La grande muraille étant plus qu'avancée, la chôra de Tauroeïs quasi finie, mais stoppée par la mer au niveau du petit Rouveau, je décidais de faire mon premier exposé qui serait globalement une invitation à pousser la recherche sur le champ électromagnétique, mais je n'avais rien, rien de concret, que des relevés de champ électromagnétique, des plans, des théories mais pas une pierre : oups...
Je décidais alors d'aller plonger dans les textes pour essayer d'étayer toutes mes trouvailles. La recherche de preuves scientifiques comme ils disent...
Euh...
Comme mes prédécesseurs, je n'ai pas trouvé grand-chose. Il faut dire que depuis le début j'étais à l'aveugle, voulu par Sylvain qui me disait que mes trouvailles auraient plus de considération si je les trouvais sans l'aide des textes...m'ouais...

Et génialement une copie numérique de l'ouvrage " Tauroentum " (le Brusc, Six-Fours) de l'archéologue Eugène-H. Duprat était disponible sur internet, numérisé récemment, un livre difficile à trouver où le plan de la Citadelle suite à ces fouilles s'y trouvait, soit Tauroeïs présent sur une feuille : parfait.

Je télécharge le livre pour dix euros, je l'imprime etc, et je trouve le plan évidemment et qu'est-ce que je vois, les contours de ma tour fortin du bastion nord dans les parcelles cadastrales de l'époque, et un rempart des triples remparts…

Les fouilles à Duprat ont été faites dans les années 1930, le livre est paru en 1935, et c'est grâce à Duprat qu'on a pu resituer Tauroentum, soit Tauroeïs période romaine au Brusc. Sans Duprat j'étais plus ou moins foutu, mon '' poto'' de quête . J'ai continué son travail, comme d'autres mais seul et sans fouille.

Alors scandale je n'ai pas tout lu, j'ai juste pris ce qui m'intéressait et dès que j'ai trouvé quelques éléments je suis resté dessus. De toute manière, à part le plan pour mes recherches, plutôt mes trouvailles, ce n'était pas évident. Une grande muraille massive de plus d'un kilomètre de long, ça aurait dû laisser des traces et bien non rien du tout et je ne vois là qu'une explication donc : la volonté d'effacement de César.

Pour ce qui est du plan de la citadelle à Duprat et bien c'est une partie du bastion nord. Le bastion nord de la ceinture défensive est de Tauroeïs, soit la muraille terrestre, pour parer toute attaque venant de la terre.

En dehors de la muraille, le bastion nord constituait une place forte à lui tout seul et César a dû y voir une utilité pour l'implantation romaine suite à la prise de Tauroeïs dont il nous a privés de tout compte rendu, récit, et dont on n'a aucune trace nulle part sauf futurement dans ce livre vous verrez, encore une trouvaille extraordinaire et qui va être impossible à prouver pour celle-là. Donc la muraille a été rasée sous son ordre, je pense, et laisser la tour fortin pouvais tromper ceux qui n'avaient jamais vu Tauroeïs et qui, à leur première visite en la découvrant, pensaient qu'ils voyaient là, la grandeur contée de Tauroeïs " ah c'était ça la forteresse de Tauroeïs ", etc, tout en effaçant complètement la grande muraille et le reste. Je me disais donc qu'il avait dû vraiment se casser le nez sur la muraille pour vouloir l'effacer complètement et j'avais raison. Vous verrez plus tard.

Donc je prends le plan à Duprat et j'y colle parfaitement le bastion nord et le début de la grande muraille. Je relève dans son livre comme correspondance, et c'est faible mais suffisant pour moi, du moins il va falloir s'en contenter, Duprat dit qu'il cherchait une place forte comportant un avantage défensif. La petite butte de la citadelle, c'est un peu simple et léger comme avantage défensif.

Malheureusement pour lui, Duprat n'avait pas la donnée que nous avons aujourd'hui à savoir que le niveau de la mer était deux mètres plus bas qu'aujourd'hui, possiblement quatre pour moi donc, ce qui fait que les îles des Embiez n'existaient pas.

L'ensemble formait un bras de terre et c'est l'avantage défensif que les Grecs ont exploité et que Duprat cherchait : un bras de terre fortifié. On sent vraiment la peur des attaques terrestres et pour cause quand on sait qu'une légion romaine est faite de six mille hommes, et que César était arrivé avec trois légions à Massalia. Il est sûr que sur mer cela devient plus difficile, d'où la nécessité de mettre le maximum de défense pour les attaques terrestres. À savoir que cette grande muraille a été conçue pour parer les Ligures et non les Romains, avec qui ils étaient en paix avant César, les Grecs ont même initié les Romains à la navigation, les trirèmes romaines diffèrent de peu des trirèmes grecques.

24

Le 80 mètres

Il y avait sur le plan à Duprat une délimitation dessinée bien éloignée de la tour. Je me souvins alors d'un relevé distant que j'avais fait et que j'avais ignoré encore sous la crainte de "ça fait trop de pierre",etc. Je retournais sur place et je trouvais un rempart de quatre mètres de large. À quatre-vingts mètres de la tour fortin... Et ça devint le quatre-vingts mètres, très important. En dehors de la grande muraille est, après la tour fortin et jusqu'à la mer, le quatre-vingts mètres est devant les trois remparts du bastion Nord coté Nord et c'est lui le vrai début de la forteresse de Tauroeïs quand on vient du nord, soit de Six-Fours centre : merci Duprat. Et après vérification il est présent devant les trois remparts entre le port de commerce au parking des îles et l'île des Embiez, à quatre-vingts mètres donc. Peut-être qu'il y a d'autres petites murailles intermédiaires, mais on va arrêter là aussi pour l'instant, il me faudrait un bateau, les relevés en kayak sont trop éprouvant.

Et donc j'ai voulu vérifier s'il était aussi côté île du Gaou et c'est le cas. C'était en fait le premier relevé que j'avais fait en redescendant du grand temple. C'est très important, car ce rempart donne l'indication d'où était la côte il y a 2300 ans au niveau du grand Gaou, à savoir que l'érosion a considérablement fait reculer la côte.

Le quatre-vingts mètres nous offre cette perspective. Donc jusqu'à cette distance il est inutile de chercher des épaves antiques normalement. C'est-à-dire que quand vous êtes à certains endroits de la presqu'île du grand Gaou, vous ajoutez 80 mètres dans la mer pour avoir le début de la côte il y a 2300 ans. (plan p258)

Et pour finir pour la grande muraille d'enceinte de l'île, j'ai voulu vérifier s'il y avait un rempart à trente mètres de distance aussi, derrière les trois remparts comme sur la grande muraille défensive est, et ce fut le cas. Elle en a un, un de plus, quatre mètres de large également. Donc j'ai pu délimiter grâce à ça les habitations, la ville de Tauroeïs, qui était dans la lagune, et l'agora en son centre quasiment qui se situe sur une partie des salins.

Tout ça ne prouvait toujours rien, il me fallait pour convaincre du concret, afin de faire lancer des recherches.

25

L'aqueduc grec de Tauroeïs

J'avais fait des relevés qui m'intriguaient au tout début, notamment un relevé qui partait en biais par rapport à la grande muraille défensive est, sur mon premier plan de départ, tristement appelé la chaussette. Hors, une fois avoir établi la grande muraille défensive, ce relevé n'avait aucun sens puisqu'il se trouvait en dehors de celle-ci. Pourtant, revenu sur place le revérifier, il était bien concret. Dès le début, je l'avais signalé à Sylvain comme étant l'aqueduc. Or, il m'avait dit que ce n'était pas possible que ce soit l'aqueduc qui selon lui partait tout droit, du moins selon le tracé théorique qu'il m'avait montré et les données qu'il avait recueillies, sur lequel je devais l'aider pour les fouilles donc, pour déterminer exactement son passage suite à une demande officielle de fouille. Donc son trait sur une carte faisait un millimètre de large, mais en situation réelle il mesurait quarante mètres de large et dans ces cas-là, mieux vaut avoir quelqu'un comme moi pour gagner du temps.

Or nous étions parfaitement divisés irréversiblement et plus en contact du tout. Une personne qui vivait sans le savoir entre deux ceinturons avec qui j'avais conversé m'avait dit que de l'eau sortait dans le jardin de ses parents lors de grosse pluie. M'ayant situé l'endroit, cela se trouvait sur la continuité de mon relevé en biais.

J'y voyais là une potentielle voie de passage de l'aqueduc. Il zigzaguait donc et n'était pas droit comme le disait Sylvain. J'en eus confirmation de la part d'un autre archéologue amateur qui s'était déjà penché sur le tracé. Voyant que pour rassembler des forces et des moyens pour les recherches afin d'élucider la nature du champ électromagnétique résiduel des murailles, il me fallait convaincre et surprendre sur des éléments concrets, je décidais alors de me lancer sur la trace de l'aqueduc grec de Tauroeïs, car ses relevés pourraient trouver fondement par des fouilles puisque par endroit, l'aqueduc est toujours sous terre. Je pliais le tracé en deux heures. Il n'y avait qu'une ligne à suivre, une balade… Soixante dix ans qu'ils le cherchaient. Enfin mon itinéraire n'est toujours pas vérifié, mais je n'en ferai aucun autre. Et en plus je trouvais sur le tracé un bassin de retenue saisonnier avec quelques traces encore visibles.

Et là je me suis dit : mais y font quoi les archéos ? Il y a trois mois je ne connaissais même pas l'existence de Tauroeïs et là je trouve des restes jamais élucidés. Mais c'est quoi ce bin's? Je trouve le fond du bassin avec une couche de pierre pour la perméabilisation et quelques autres éléments. Bien sûr pas de pierre de l'édifice mais bon le champ électromagnétique bien présent permettant de cartographier également le bassin, car c'est un bassin fermé et non une simple retenue.

Avec un mécanisme pour acheminer l'eau dans l'aqueduc quand le niveau baisse et plusieurs petits bassins secondaires, une purge, etc, trente cinq mille mètre cube de contenance potentiellement après calcul de la surface globale prenant en compte le dénivelé de la pente. Oui les archéologues ne travaillent pas encore au champ électromagnétique résiduel, mais ça viendra, pour les cités massaliotes du moins dans un premier temps. L'aqueduc part ensuite dans le Montanier où il a possiblement deux captations. Cela reste à déterminer, je dois encore aller faire des relevés, des problèmes moteurs m'empêchent de faire une grande randonnée malheureusement.

Donc je décide de m'acharner sur l'aqueduc puisqu'on peut encore le trouver et je réalise des plans et des tracés précis, coordonnées GPS incluses pour donner le maximum de renseignements.

Je me disais trouver un aqueduc grec en pleine nature, dans une forêt par endroit, avec une précision au mètre près, ça devrait les convaincre et go les recherches sur les champs électromagnétiques résiduels. Mais ce n'est malheureusement pas aussi rapide que ça...

On m'avait souvent parlé d'une personne âgée, habitant du Brusc qui s'était intéressé à Tauroeïs. J'avais décidé d'aller le voir afin de lui faire part de mes trouvailles.

Alors que je travaillais sur l'arrivée de l'aqueduc dans le quartier de la Citadelle, on m'indiqua où il habitait, j'allais le voir et je lui racontais un peu tout mon périple. En ce qui concerne l'aqueduc, il a été salvateur, car il m'indiqua le passage de l'aqueduc, qu'il avait vu dans sa jeunesse, à un endroit vraiment à côté du mien… Je ne comprenais pas trop, mais c'était un témoignage visuel, il était impossible que je ne le prenne pas en considération. J'allais vérifier sur place et effectivement je retrouvais l'aqueduc au taux vibratoire. J'avais déjà fait ce relevé, mais comme il se trouvait trop loin de la grande muraille, j'avais pensé à une structure éloignée, c'était vraiment au tout début.

En fait, c'était le second tracé de l'aqueduc. Dans le tracé initial que j'avais réalisé, il y avait un endroit où la pente était trop faible. L'aqueduc devait se boucher trop souvent, d'ailleurs il y a même un puits d'accès à cet endroit pour l'entretien, du coup, ils ont fait un deuxième tracé sur la dernière partie de l'aqueduc. Je serais passé à côté sans son intervention.

De ce nouveau tracé il y a un tronçon qui en part également et qui est romain (taux frelaté) et qui mène jusqu'aux thermes, plus bas. Et j'ai trouvé un autre aqueduc encore... Les Grecs avaient fait deux aqueducs. L'un pouvait être bloqué au niveau du bassin de retenue qui était à l'air libre par les assaillants pendant le siège, l'autre était complètement souterrain, fermé.

Heureusement qu'il était là encore pour me montrer une ancienne citerne qui avait été rebouchée.

Je retrouvais le taux au-dessus et le second aqueduc qui en partait rejoignait un autre relevé que j'avais fait dont je ne comprenais pas la cause. Les petits murs que j'avais trouvés dans le port étaient en fait les bassins finals du tracé des deux aqueducs, donc ce n'était bel et bien en aucun cas des habitations, mais les deux bassins de remplissage d'amphores d'eau pour l'approvisionnement des navires. Au début, j'avais même pensé à un piège des Grecs vu la teneur de ce que j'avais trouvé avec la grande muraille : un bassin d'eau potable, un bassin d'eau non potable pour les voleurs ou les assaillants. Or non il y avait bien deux aqueducs. L'aqueduc du tronçon trouvé sous la citadelle finissait dans le bassin côté port, le deuxième aqueduc finissait dans le bassin côté mer. Je retrouvais son tracé à partir de ce dernier.

N'ayant eu aucune réponse des instances archéologiques que j'avais contactées suite à l'envoi de mes relevés, aucune demande de fouille pour l'aqueduc n'a été faite à ma connaissance. Il faudra peut-être pour cela que je crée ma propre association afin de réaliser des demandes.

26

Antipolis et Nikaïa à la rescousse

Je profite d'une visite dans les Alpes Maritime pour essayer d'aller cartographier rapidement Antipolis et Nikaïa, en espérant que les remparts ont laissé, eux aussi, des champs électromagnétiques résiduels.

Car sur le site du Mourret au Brusc, premier site d'occupation grec, malgré des restes de remparts au sol validés officiellement, il n'y a aucun champ électromagnétique résiduel sur leur verticale.

Il y a eu un moment dans cette aventure où des bribes de souvenirs me sont revenus et je me suis mis à penser " mais je connais ça ", j'ai déjà vécu ça. J'ai habité à Antibes par le passé et également à Nice. À Antibes, il y avait un endroit au port où j'avais senti quelque chose quand j'avais une vingtaine d'années ans, sans pouvoir déterminer ce que c'était précisément, une impression bizarre, comme une énergie gratuite. À Nice, dans le vieux Nice précisément où une grande partie de mes soirées d'adolescent se sont passées, il y avait aussi ce qu'on appelait le feu, soit une vibration, une atmosphère qui nous faisait nous sentir en vie plus qu'ailleurs. Je retournais à Antibes pour vérifier mes soupçons au même endroit : un rempart de douze mètres de large au champ électromagnétique résiduel m'y attendait.

À Antibes le système défensif est différent, mais il subsiste toujours le système de plusieurs remparts successifs.

Le dernier rempart fermant la ville étant ce rempart massif de douze mètres de large. Quelques remparts secondaires plongent dans la mer où un tracé visible sur les photos satellites les continue sous l'eau. Il semble bien que des remparts ou leurs fondations soient encore visibles sous l'eau. Il y avait un restaurant vers la gare où je me sentais extrêmement bien : en plein sur un rempart et possiblement l'entrée ou une des entrées de la ville d'Antipolis. Des zones de culture autour de la ville aussi, enfin je dois aller cartographier tout ça prochainement avec beaucoup plus de précision.

Je serai très heureux d'offrir à Antibes la cartographie d'Antipolis, sa ville antique.

Et pour nikaïa, Nice, le vieux Nice évidemment. Nikaïa n'est pas très grande en fait, ce n'est qu'une partie du vieux Nice seulement, et le château, mais c'est un relevé rapide que j'ai effectué en voiture. Je n'ai malheureusement pas eu le temps de m'y attarder.

La moitié du port de Nice, le château et jusqu'au théâtre de verdure pour les premiers remparts défensifs (plan p263). Pareil, un rempart massif de douze mètres de large ferme l'enceinte de la ville. Certainement le premier qu'ils ont dû construire, puis successivement, les autres pour améliorer leur système défensif contre les Ligures. J'ai des remparts qui entrent dans la mer également à Nice, les secondaires semble-t-il, je dois aller préciser tout ça prochainement.

Je soupçonne une porte d'entrée dans la descente Crotti, peut-être encore avec des chaudrons, et une autre porte au château, mais tout cela, c'est pour de futures recherches. En voiture, je délimite rapidement les zones globales dans un premier temps, que je reviens préciser ensuite.

À Saint-Tropez également, je me suis souvenu d'un endroit où une amie aimait m'emmener, je ne suis pas encore allé vérifier, mais de souvenir je le sais avec certitude vu les similitudes, c'est Athénopolis. Une ville antique encore, un comptoir grec, sur la colline de la citadelle. Il y a un rempart qui passe à côté de la Ponche qui était, avant d'être un hôtel 4 étoiles, un petit bar où des artistes, écrivains et peintres célèbres comme Picasso, Sagan, Sartre, Beauvoir par exemple, venaient se régaler. Ils devaient s'y sentir bien, évidemment car ils étaient en plein taux vibratoire grec.

Je ferai prochainement les autres comptoirs grecs massaliotes de la Côte d'Azur.

Je rédige ainsi mon premier exposé et en date du 7 février 2022 et j'envoie le tout à une instance archéologique par mail, résultat : ils ne m'ont jamais répondu… Aujourd'hui encore…
Ça c'est encourageant, je leur rappellerai quand le champ électromagnétique sera élucidé et qu'il aidera les archéologues du monde entier, enfin je n'aurai pas besoin, je pense.

La dernière nouvelle que j'ai eue d'eux a été verbale et globalement mes travaux ne valent rien sauf la position de la bataille navale de Tauroentum que j'avais donnée dès le début. C'est déjà ça et du coup il est vrai que c'était aussi une autre voie pour gagner de la crédibilité afin d'appuyer les demandes de recherches. Je comptais beaucoup sur cette bataille navale et j'attendais depuis le début de la part d'un autre archéologue d'aller vérifier mes investigations sur le lieu que je lui avais indiqué.

Çe n'est jamais arrivé non plus…ou alors je n'ai pas été prévenu, possible.
C'est dur des fois le milieu de l'archéologie, y en a qui peuvent vous prendre vos trouvailles, etc, ce n'est pas évident, enfin pour l'instant personne ne

s'est mouillé à ma place sur le champ électromagnétique résiduel, c'est déjà ça.
En fait, ils s'impliquent peut-être quand il n'y a pas trop de risques, contrairement à moi. Ma professeur d'art plastique me définissait justement comme " toujours en dehors des sentiers battus ". Evidemment, sinon on n'avance pas.

Voilà pour l'envoi de mon premier exposé et personne donc ne m'a répondu ni rendu un avis, rien de rien de rien… Par contre ça stoque ça c'est sûr, un archéologue amateur m'avait demandé de tout lui envoyer absolument tout.
Un autre pareil était déçu que je n'envoie plus rien, en fait j'avais fini mes cartes. Après on verra si certaines de mes trouvailles ressortiront ailleurs, enfin bon c'est comme ça. J'enregistre tout du coup, quasiment des fois en temps réel, soit le jour même de la trouvaille, à d'autres instances officielles, et ceci depuis l'envoi de mon premier exposé.

27

Première tentative de mesure du taux

Et là donc temps mort, on attend des réponses et il n'y a finalement rien. Des fois on se demande s'il y en a qui ne voudraient pas me décourager, pour que j'abandonne et qu'ensuite ils reprennent mon travail, ce que Sylvain m'avait dit qu'il arrivait parfois. On ne sait pas, mais aucune aide rien, nulle part ou même superficielle.

Dans la quête de l'élucidation du taux vibratoire, champ électromagnétique résiduel, j'arrive à la conclusion avec un spécialiste des fréquences qu'il s'agit d'un électro-smog, soit un champ électromagnétique, au début je disais toujours taux vibratoire, mais j'ai voulu dans mon récit ne pas trop effrayer, déjà qu'il y avait masse, donc je suis directement passé à champ électromagnétique résiduel. J'essaye alors de contacter et de faire intervenir des professionnels de la détection de champs électromagnétiques pour les entreprises, électrosensibles, diagnostic, etc.

L'un d'eux me dit qu'il viendrait me faire des relevés gratuitement s'il passait dans la région. Il n'a pas dû avoir d'expertise à faire dans le coin, car je ne l'ai jamais vu, mais il avait l'air sincère. Et une de mes connaissances me parle d'une personne qui n'est pas loin en plus, au Brusc carrément et qui fait des mesures. Je l'appelle immédiatement.

Nous convenons d'un rendez-vous et je l'amène directement à la tour fortin où le taux vibratoire, champ électromagnétique résiduel est je pense, l'un parmi les plus forts et facilement accessible. Les murs d'enceinte de quatre mètres de large et l'emplacement un peu isolé en font un lieu propice aux mesures dans le sens où s'il n'y a personne sur le boulodrome, qu'y s'y trouve actuellement, on ne sera pas dérangé.

Nous arrivons sur le site et je le soumets au test pour lui faire ressentir le taux vibratoire. Il le ressent immédiatement et très fortement, déjà une petite victoire. C'est l'une des premières personnes à qui j'ai pu faire ressentir le taux. Le test est simple : il faut trouver d'abord évidemment un édifice. Mettre la personne en dehors de cet édifice, du champ électromagnétique résiduel et lui demander de bien faire attention comment elle se sent à ce moment précis, bien se concentrer sur ces ressentis, grossièrement comme un check intérieur. Puis il faut la faire entrer dans le champ électromagnétique et lui demander si elle sent une différence.

La plupart du temps le taux se traduit par une légère pression au cerveau. Je me suis laissé dire qu'il interférait sur les ondes cérébrales du coup, ce qui pourrait nous donner des indications sur sa nature.

J'avais lu que toutes les fréquences d'origine naturelle se trouvaient entre 0 et 400 khertz.

C'est pour cela que je lui avais demandé s'il avait bien des appareils permettant de mesurer ce type de fréquences. Il était venu avec l'appareil Gigahertz Solution ME 3951A qui incorporait ce spectre.

Le test fut négatif, aucune variation sur l'appareil, rien, absolument rien. Cependant il me parla d'un phénomène dû à la pression des pierres les unes sur les autres : la piézoélectricité, due à la pression exercée sur les particules de quartz. Si les pierres utilisées renferment assez de quartz de par leur composition, l'écrasement, la pression de ces dernières peut donner un léger courant électrique dit piézoélectrique[7]. (en 1880 l'effet piézoélectrique direct est démontré par Pierre et Jacques Curie. Au préalable en 1817, l'abbé René Just Haüy fut l'un des précurseurs avec ces travaux sur l'électricité de pression), J'écartais tout de suite cette théorie, car le taux étant présent sur l'aqueduc, et très fortement, il n'y avait pas là de réelle pression de pierre par rapport à la tour fortin de vingt mètres de haut et l'intensité du taux de l'aqueduc était vraiment

---

[7]Piézoélectricité / wikipedia, voir bibliographie num.

conséquente et de plus, il n'y avait plus une pierre debout, donc aucune possibilité de présence de courant piézoélectrique.

De plus, à Marseille où j'avais entrepris une première délimitation rapide de la ville antique de Massalia, le taux est beaucoup plus fort et quasiment partout.

Je pensais plus à l'époque à la nature des pierres utilisées, comme une carrière où les pierres avaient des propriétés vibratoires dont les Grecs se seraient rendu compte. À ce jour la nature du taux est toujours au stade de théorie même s'il y en a une qui concorde plus que les autres avec les manifestations que j'ai trouvées.

28

Première possible élucidation du taux

Malgré l'absence de réponse de la structure archéologique sur mon exposé et la demande de faire des recherches sur la nature du taux, je continuais mes relevés. Je retournais au bassin de l'aqueduc pour essayer de comprendre le mécanisme qui permettait d'envoyer l'eau dans l'aqueduc quand le niveau était bas et de trouver son emplacement. Le bassin se trouve par endroit sur le dénivelé de la colline, donc à son niveau le plus haut, les murs du barrage font douze mètres de haut et leur hauteur baisse sur le dénivelé supérieur évidemment et l'intensité du taux vibratoire, champ électromagnétique résiduel, baisse aussi. Ce que je n'avais jamais rencontré sur les autres structures, car les hauteurs sont fixes.

C'est là que j'ai compris que la théorie du piézoélectrique pouvait coller et être la source du phénomène inexpliqué : plus de hauteur, plus de poids, plus de pression, plus d'intensité de champ électromagnétique résiduel. Or il n'y avait plus de murailles ou

d'édifices présents donc plus de courant piézoélectrique possible. J'ai compris alors qu'il pouvait s'agir d'un « résiduel de courant piézoélectrique », phénomène tout à fait inconnu à ce jour, malheureusement pour mes recherches.
Le tout cuit j'aurais bien aimé. En fait je pense que cela agit comme une batterie en charge : si la muraille tient 250 ans comme à Tauroeïs, l'intensité aura 250 ans de charge, à Massalia les murailles on tenues cinq cent cinquante ans environ et le taux est beaucoup plus fort : ça colle. L'aqueduc a eu une période romaine et est resté beaucoup plus longtemps encore aussi, ça peut coller aussi (peut-être l'eau accentue l'intensité du phénomène également).
C'est-à-dire que le courant piézoélectrique est actif et permanent pendant 250 ans et qu'une fois les pierres enlevées, il reste un résiduel du phénomène, comme si 250 ans ou plus de piézoélectricité avait créé autre chose, un résiduel donc de piézoélectricité.
Mais ce n'est qu'une première théorie qui est la plus plausible actuellement encore aujourd'hui à mes yeux et d'ailleurs je présente toujours le taux vibratoire, champ électromagnétique résiduel comme étant un résiduel de piézoélectrique. Voilà on y est : le résiduel de piézoélectricité. Quand est-ce qu'on l'élucidera ?

Ce récit a aussi cette fonction d'appel à l'élucidation de ce phénomène.

J'ai contacté des chercheurs sans résultats. Certains m'ont dit qu'ils n'avaient pas les appareils pour effectuer ce type de recherche, pas portatif, j'imagine.

Avec la potentielle élucidation du taux, je fis les prochains relevés d'une manière tout à fait différente. Je savais que si le taux était faible, cela trahissait une hauteur de muraille moindre. C'est ainsi que j'ai pu rajouter trois murailles supplémentaires, là pour le coup des réelles murailles et non des remparts, mais moins hautes que ces derniers, à la grande muraille défensive est, et du coup mon carré défensif massaliote à volé en éclat.

Comme quoi il ne faut pas faire de théorie à la hâte.

Donc il s'agissait d'un bloc de huit murailles successives dont 5 sont des remparts. Les plus basses ne devaient pas servir de passage pour les Grecs sur leur sommet, mais juste faire office d'obstacle afin de mettre l'assaillant en position de faiblesse par immobilité pendant l'ascension sur des échelles d'assaut. Enfin il n'y aura que l'élucidation scientifique du taux qui nous permettra de faire des déductions définitives. Je rajoutais ensuite la piézo-électricité à mon exposé, mais ça n'a pas changé grand chose, cela n'a encore réveillé personne…

29
Les débuts des relevés à Sanary / le pas de tir de catapulte de la jetée du phare

Dans l'attente, je continuais la cartographie et mes relevés. À Sanary, sur les baux, j'avais ressenti du taux vibratoire comme au Brusc. J'avais pensé qu'il s'agissait d'un petit fortin éloigné de la forteresse. Je décidais de le cartographier, d'autant plus que c'était moins loin, habitant à Sanary. Je commençais les relevés. Cette fois-ci je ne me laissais pas tromper par les différences d'intensités du taux vibratoire, que j'associais directement à des hauteurs différentes. Je trouvais vers la jetée du phare, comme un escalier géant, fait de trois marches, trois larges terrasses faisant face à la mer. Évidemment les Grecs n'étaient pas des géants, mais c'était quoi ce bin's ? Je ne compris pas immédiatement la subtilité de la construction puis ça me traversa l'esprit en un éclair : c'était des terrasses pour des catapultes, soit trois niveaux, trois hauteurs, trois portées différentes.

Je trouvais à droite de la construction un mur qui rentrait dans la mer et semblait protéger la structure. J'ai d'abord pensé que sa fonction était de cacher les catapultes. Les galères, découvrant les catapultes tardivement en passant après ce mur, n'avaient pas le temps de faire demi-tour et se retrouvaient directement dans leur champ de tir.
Et en fait non, il y avait un autre mur identique côté gauche, les deux étant en V autour de la structure. C'était un pas de tir de catapulte complet, là où maintenant il y a un jardin d'enfants face à la mer, encore un choc temporel insolite. Les deux murs en V avaient pour fonction de protéger les structures avoisinantes des tirs ratés ou projections irrégulières, éclats. Les estimations actuelles pour la portée des catapultes antique sont de 400 mètres[8]. Je suis curieux de savoir ce que la future étude scientifique de ce pas de tir pourra donner comme conclusion sur la portée des catapultes. Un pas de tir antique de catapulte, je crois que cela est inédit.
Tout content de ma trouvaille j'envoyais le plan du pas de tir à un archéologue amateur local qui habitait Sanary pensant lui faire plaisir qui me répondit sans ménagement : c'est du grand n'importe quoi, comme quoi des fouilles avait déjà été faite sur cet endroit et qu'il n'avait jamais rien trouvé, ni de grec ni de romain…

---

[8]Histoire pour tous/ la catapulte / voir biblio.num.

La fracture avec l'archéologie classique s'élargissait un peu plus. Aucun archéologue avec qui j'étais en contact n'est venu se soumettre à mon invitation au test du ressenti du taux vibratoire comme je l'ai déjà dit, évidemment ça n'aide pas.

Enfin tant pis, de toute manière vous le verrez par la suite, je vais vraiment décoller et devenir définitivement infréquentable et c'est tant mieux.

Les deux murs en V avaient un champ électromagnétique résiduel de piézoélectrique complètement différent des terrasses de catapulte, bizarrement.

Au début je n'y fis pas vraiment attention sauf que ça me poussait à l'interrogation. Je trouvais à gauche une structure dont j'ignorais la fonction jusqu'à peu, puis une autre structure longiligne le long du quai du phare actuel de Sanary. Cette structure s'arrêtait au deux tiers du quai : peut-être l'ancien quai antique de Sanary, soit le premier port de la ville. (pour l'écriture du livre, je n'arrivais pas à me résigner à indiquer sur mes plans "édifice inconnu". Du coup je suis retourné sur place et j'ai percé l'énigme. Voir plan du pas de tir de catapulte p 261) Un pas de tir isolé de la grande forteresse de Tauroeïs, cela me semblait suspect. Or il y avait une présence du taux tout le long des baux jusqu'aux escaliers qui grimpent vers Portissol.

Les structures rentraient dans la mer, on était en hiver, je ne pouvais pas encore plonger pour les relevés ainsi que les limites des deux murs en V du pas de tir de catapulte. Je délimitais les structures le long des baux de sanary sans grande précision, mais je supposais qu'il devait s'agir d'autres éléments d'un ensemble défensif, peut-être également d'autres pas de tirs de catapulte tout le long des baux.

30

Le bastion de Portissol

Je regardais alors le haut de la colline du chemin de l'oratoire où se trouve la chapelle de Notre Dame de Pitié, soit en haut des falaises, au-dessus du pas de tir de catapulte et je me dis que ce n'était pas possible que les Grecs aient laissé une place haute sans protection.
N'importe qui en haut des falaises n'avait qu'à leur jeter n'importe quel projectile qui de cette hauteur devenait dangereux. Un point faible non négligeable, j'étais pourtant bien loin, soit en face, de l'île des Embiez. Je décidais d'aller chercher ces potentiels remparts en me disant je vais encore trouver des éléments qui augmenteront la quantité de pierre utilisée et qui m'éloigneront encore de l'entendement des archéologues que j'avais rencontrés.
Je décidais de repartir dans cette aventure, mais dans ma ville natale cette fois-ci, loin de la citadelle du Brusc, lieu où Duprat avait fixé Tauroeïs, la cité disparue des Grecs.

Je voyais mal venant de la part des Grecs, un rempart unique qui protégerait la ligne de crête, vu le gigantisme que j'avais trouvé au Brusc. Je décidais donc de passer par la plage de Portissol pour y trouver le premier rempart.

Je trouvais directement des éléments sur le front de mer de portissol, lieu où j'avais tant de fois regardé le coucher de soleil. Un rempart protecteur de toute attaque venant de la mer me fit comprendre que le port antique romain de Portissol (du moins les restes qui ont été trouvé, mais qui ne sont pas considéré comme un port, mais c'en était un, vu certains édifices défensifs que je trouverai plus tard, notamment, également un pas de tir de catapulte pour le protéger), devait être grec dans un premier temps.

Le champ électromagnétique résiduel de piézoélectrique en témoignait. Petite précision que j'ai omise jusqu'à maintenant de par la volonté de me consacrer uniquement à la période grecque et non romaine de Tauroeïs, la partie " Est " de ma chaussette, plan de départ de la Citadelle était en fait une voie romaine que j'avais prise alors pour une muraille. Le taux était présent, mais différent. Quand j'ai vu qu'il s'éloignait vers Six-Fours j'ai compris qu'il s'agissait de l'antique voie romaine faite certainement avec des pierres de récupération de la cité grecque.

Le taux étant différent je l'appelais le " taux frelaté " qui désignait une réutilisation romaine des pierres de la forteresse de Tauroeïs.

31

L'énigme de la nature du deuxième champ électromagnétique

Or à Portissol il n'y avait aucun taux vibratoire frelaté. Donc c'était bel et bien des éléments grecs trahissant une implantation grecque pré-romaine. J'allais jusqu'à la pointe de Portissol où je trouvais encore un pas de tir de catapulte, mais pour protéger le port de Portissol cette fois-ci, donc dirigé vers la Cride et quelques autres structures défensives. Autant de structures et un port ne pouvaient être isolés sur la côte. Je trouvais tout en prospectant sur Portissol les champs électromagnétiques résiduels de piézoélectrique d'un grand ensemble de murailles / remparts, mais le taux était vraiment différent du Brusc et des pas de tirs de catapulte, et cette différence était à ce moment de mes recherches, inexpliquée.

J'élaborais alors la théorie que si le taux était différent, moins fort, moins prononcé ,cela pourrait indiquer que les constructions étaient plus récentes.

On a des traces qui nous permettent de dater Tauroeïs 300 ans av. J.-C. , or en 122-123 av. J.-C, Gaius Sextius Calvinus,[9] consul romain de la Gaule sur la base arrière d'Aquae Sextiae (aujourd'hui Aix-en- Provence, racine de son nom) entreprends d'évincer de la bande côtière, soit de Massalia à l'Italie, toute présence ligure. Ce qui sera fait sur une distance de douze stades soit 2,2 kilomètres de large et de huit stades soit 1,48 kilomètre sur côte rocheuse, zone qu'il donnera ensuite aux Massaliotes. Je pensais alors que ces constructions avaient dû être érigées après cette date et que du coup le « champ électromagnétique résiduel de piézoélectrique » devait être plus faible, car le phénomène n'avait pas eu le temps de se charger en intensité, du fait de moins de temps d'existence. À Antibes, j'avais été étonné de l'intensité du taux, plus fort qu'à Tauroeïs et pour cause, la création de la ville d'antipolis était estimée à 500/400 avant j.-C, (officiellement c'est 400, mais comme le taux du dernier rempart est tellement fort j'ai envie de dire qu'il était plus vieux, d'ailleurs une fois le taux révélé et mesuré dans son intensité, on pourra, je pense, s'en servir pour dater un édifice) soit plus ancien qu'à Tauroeïs. Du coup, cela concordait. Et pourtant vous le verrez par la suite, ce fut encore une erreur d'investigation pour la cause

---

[9] Strabon Géographie IV, 1,5

de la faible intensité du taux que j'avais trouvé à Portissol. Mais à ce moment de mes recherches, je n'avais pas d'autres éléments pour statuer sur d'autres paramètres.

Je continuais donc ma cartographie avec ce " faible " taux vibratoire. Du port (plage de Portissol) à la moitié de l'espace entre Portissol et le port de Sanary, il y avait une partie qui ressemblait à une ère sécurisée. Puis j'y trouvais finalement le bastion militaire de Portissol carrément avec à son entrée, encore un système de porte à sas de sécurité (plus tard j'aurais plus d'informations sur cette porte).

J'étais encore à Tauroeïs et j'étais loin d'imaginer à quel point la chôra s'étendait sur la côte.

Le bastion de Portissol, et cela était logique pour la protection des structures défensives de la côte sur les baux, s'étendait de la plage de Portissol jusqu'au port actuel de Sanary. La partie militaire étant sur la partie ouest, la partie est était le lieu, je pensais, d'habitations. Je retrouvais bien des remparts qui longeaient tout le long de la falaise, certains plongeant dans le vide puisque dans une période beaucoup plus récente, les baux ont été une carrière et le lieu passage des remparts a disparu. Or je suis certain que le champ électromagnétique résiduel de piézoélectrique, aussi incroyable que cela puisse paraître, y est toujours et dans le vide, soit dans le ciel, immobile, attendant d'être visualisé.

32

La fausse voie du ciment grec / élucidation de la nature du 2e champ électromagnétique

À la pointe de Portissol, il y avait un endroit où je pensais avoir trouvé comme du ciment grec, or le ciment a été inventé par les Romains officiellement, c'est tout ce que nous savons à ce jour. J'explosais d'enthousiasme. Il y avait dans ce ciment de petits graviers de quartz. Je me disais alors que j'avais potentiellement trouvé la preuve physique, source du phénomène de résiduel de piézoélectrique. Le ciment comportant des éléments de quartz donc, leur compression entre les pierres créait le courant piézoélectrique qui pendant des siècles préparait le champ électromagnétique résiduel. Je décidais de procéder alors à une pré-déclaration auprès des organismes concernés. Je présentais ma trouvaille juste avec une volonté d'antidater et non comme preuve officielle vu qu'aucune étude scientifique ne la validait puisqu'inexistante.

La personne avec qui je suis rentré en contact pour cette démarche a été la seule qui m'a aidé dans mes recherches. Elle m'a fait parvenir des documents, peut-être plus pour m'orienter vers la sagesse et la raison selon elle, en vue de recherche classique, peine perdue pour ma part, persuadé de l'authenticité de mes trouvailles pour ce qui est de la cartographie au champ électromagnétique résiduel.

Cependant, dans les divers documents qu'elle m'a envoyés, j'ai trouvé la clé de la compréhension de la différence du taux vibratoire entre les relevés du Brusc, îles des Embiez, soit la forteresse ville de Tauroeïs et le taux trouvé à Portissol. Les éléments qu'on a retrouvés physiquement de Tauroeïs, soit sur la citadelle à Duprat où le bastion nord de la « ceinture défensive est », pour ma part, étaient des pierres massives en grès, beaucoup plus solides que le calcaire. Depuis le début, j'avais commencé à calculer le volume de pierre pour vite comprendre que les Grecs n'avaient pu prendre leurs pierres que dans des carrières environnantes. Je pense même qu'on leur doit les falaises de la Cride, port d'Alon, etc, le calcaire étant une pierre facile à extraire, mais beaucoup moins résistant que le grès. Donc l'explication était là pour la différence de taux vibratoire entre la forteresse et les éléments que je commençais à trouver sur la côte.

La forteresse était en grès, du moins des pierres retrouvées dans le bastion nord, pour protéger directement les riches familles massaliotes, élément que j'avais trouvé sur les documents qu'elle m'avait envoyé donc, et sur la côte, c'était du calcaire excepté pour les structures qui demandaient plus de solidité, comme les pas de tir de catapulte. Plus tard, je trouvais encore une autre variation de taux plus confuse qui elle venait, je pense, vu la situation escarpée, d'une muraille faite d'un agglomérat de pierres trouvées sur place.

Ceci étant dit, cela aidera à la compréhension des autres structures massives que j'allais découvrir, à savoir que le calcaire est très abondant dans la région. Au pire, ils n'avaient qu'à se servir vers les carrières de Cassis, dont je me demande aujourd'hui la grandeur à l'antiquité dans les calanques, vu toute la quantité de pierres qu'il a fallu pour construire toutes les structures de Tauroeïs et certainement des autres comptoirs grecs[10] environnants que je n'ai pas encore cartographiés, comme Citharista (La Ciotat) et Carcisis (Cassis).

---

[10]Arbre Celtique – carte des colonies et comptoirs massaliotes voir biblio.num

33

La fortification de la baie de sanary

Le bastion de Portissol étant délimité, je poursuivais un rempart de quatre mètres de large qui partait de son extrémité est, soit au port de Sanary. Je le suivais longeant le port, quittant le port et fuyant vers la plage de Bonnegrâce, soit à Six-Fours après le pont de la Reppe. Quelque part c'était logique : faire une telle forteresse aux Embiez, un bastion énorme à Portissol et laisser entre, soit sur la côte, un accès libre pour un débarquement de troupes ? Un espace libre où l'ennemi pourrait faire un campement et se préparer à la guerre ? Que nenni évidemment. Rapidement je fis des relevés en voiture, oui je sais ça va être un choc pour les archéologues, je fais parfois des relevés en voiture. On peut ressentir le taux aussi, il ne faut pas rouler très vite évidemment, mais c'est très pratique pour une première délimitation rapide avant de revenir à pied pour cartographier plus précisément, élément déjà précisé. Donc évidemment mes soupçons se vérifiaient, les murailles faisaient tout le pourtour de la baie de Sanary, Six-

Fours jusqu'au Brusc soit Tauroeïs ville ou la forteresse. C'est ici qu'on commence à vraiment rentrer dans la dimension de Tauroeïs, la forteresse grecque massaliote construite pour les élites massaliotes, les riches familles. César l'appelait le château, *castellum,* et pour cause.

Je ne sais pas si vous imaginez, mais cela veut dire que César a vu Tauroeïs de ses propres yeux, ce qui n'est pas rien.

Le niveau de la mer étant plus bas, les premiers remparts sont en pleine mer actuellement avec des profondeurs de minimum trois mètres, ce qui a contribué encore à me faire penser que le niveau de la mer était beaucoup plus bas que les deux mètres officiels évidemment.

Je crois même qu'ils ont statué sur 1m80…

Je pense que la montée du niveau de la mer, à une date inconnue, a contribué à la fin de Tauroentum, soit la période romaine de Tauroeïs. La ville étant dans la lagune, elle a été inondée, les habitations sur les îles sont devenues difficiles d'accès. Pendant la période de l'Empire romain, il n'y avait aucune nécessité d'avoir un avantage naturel défensif et la fin de ce dernier a dû stopper net la culture de ces petits coquillages (mollusques gastéropodes de la famille des muricidées) dont ils se servaient pour teindre en rouge les capes.

Suite à la chute de l'Empire romain, la zone côtière est régulièrement pillée et il devient sensé de vivre un peu plus à l'intérieur des terres, mais la montée du niveau de la mer a dû être possiblement le coup décisif porté à Tauroentum, ceci n'étant qu'une supposition. Mais ce n'est toujours pas la période qui m'intéresse.

34

1ère trouvaille de route sécurisée

Derrière le rempart de quatre mètres à Sanary, précisément sur le port, je trouvais un autre de deux mètres de large juste derrière, qui lui, rentrait directement dans les terres... À ce moment-là, je me dis que finalement aujourd'hui je n'allais plus travailler sur les fortifications de Tauroeïs, mais sur l'implantation grecque locale. Je pensais changer de registre et rentrer dans un domaine tout aussi intéressant qu'enrichissant. J'allais vite déchanter. Déjà le rempart de quatre mètres fonçait à l'ouest jusqu'à la batterie de la Cride et repartait vers Bandol en longeant la côte toujours... Et il était doublé...
C'est-à-dire qu'il y avait un autre rempart à douze mètres d'écart, parallèle, de quatre mètres de large également... Pauvres archéologues je pensais encore qui me riront au nez, enfin là c'était fini, j'étais enterré.

Je compris très rapidement qu'il s'agissait d'une route sécurisée pour les troupes militaires jusqu'à la batterie de la Cride[11], aujourd'hui un fort, mais dont on trouve les premières traces dans les textes qu'à partir de 1664. Or il doit être sur une base grecque insoupçonnée, du moins c'est ce que je pense.

Souvent les remparts longent les routes et c'est intéressant, car on pourrait croire que la route est logiquement l'emplacement où se situait le rempart, du moins ce qu'il en reste et bien non. Il y a la route, puis au limite de celle-ci, le rempart, comme si la route était un chemin de garde supplémentaire au pied du rempart, du moins à la Cride par endroit et à quelques emplacements autour du bastion de Portissol. Sur le parking de l'esplanade actuel de Sanary je trouvais encore plusieurs remparts successifs de quatre mètres de large, ce qui me fit définitivement penser que c'était vraiment un critère du système défensif grec massaliote.

---

[11]Site le Var , batterie de la cride/ voir biblio. Num.

35

Trouvaille du premier fort-vigie dans les collines

Mon lieu de travail étant ma ville, je n'avais qu'à sortir de chez moi. Un jour où j'allais entreprendre des relevés en ville, sans faire attention je me mis en état d'hypersensibilité en haut de mes escaliers en sortant, puis arriver en bas de ces derniers je sentis comme un rempart : le taux vibratoire. Je me dis, ce n'est pas possible quand même, depuis le temps que je travaille dessus, j'en ai un en bas de chez moi depuis toutes ces années ? Sous le nez, sans m'en être rendu compte ? Je vérifiais en allant au contour de la maison sur la petite rue pour voir s'il continuait. Il me vint tout d'un coup ce souvenir qu'à chaque fois que j'allais jeter les poubelles, je sentais quelque chose que j'associais aux fils électriques suspendus au poteau juste au-dessus, étant électrosensible. En fait, j'ai toujours ressenti les murailles ou remparts à Sanary. Je croyais que c'était des ondes wifi des magasins, etc… Je suivais ce rempart pour en trouver un autre encore, une route sécurisée également.

Elle venait du bastion de Portissol et fonçait vers les collines du Gros Cerveau pour celle-là. Il me vint alors une suspicion. Est-ce que cette route sécurisée n'allait pas jusqu'au fort du gros cerveau ? En voiture, trouver une muraille simple n'est pas intéressant pour la cartographie, car une muraille simple cela peut être n'importe quoi et impossible à cartographier correctement à cause des zones privées. Par contre une double muraille / rempart, soit une route sécurisée, c'est plus que viable, car c'est plus facile à reconnaître de par le passage de ses deux taux successif et comme c'est militaire vous êtes sûr que le reste s'organise autour ; forts, bastions, etc.

Je partais alors dans cette optique : délimiter dans un premier temps les routes sécurisées. Je prenais celle qui partait de chez moi, elle traversait la Milhiere, quartier Mortier, l'autoroute puis le Lançon avant de foncer sans zigzag vers le fort du Gros Cerveau. Je prenais alors la route puis la piste du fort pour y retrouver effectivement le double rempart qui fonçait vers le fort qui est d'ailleurs construit en longueur sur la continuité d'un rempart de la route sécurisée.

Arrivé à la piste sous le fort, cela me frappa alors aux yeux comme le soleil en plein midi en regardant au loin les îles des Embiez, soit la forteresse de Tauroeïs, j'avais trouvé un fort vigie de Tauroeïs.

C'était évident, les Grecs protégeaient leur forteresse des invasions ligures bien avant leur ligne finale des Embiez...

C'était pour moi une preuve aussi que l'implantation grecque allait jusqu'ici et qu'il pouvait très bien y avoir cent mètres plus bas le début des champs de culture. Il faut bien réaliser que l'une des raisons principales de l'implantation grecque sur la côte était le commerce.

Or si vous ne plantez rien ou ne cultivez rien, vous n'avez rien à vendre, d'où évidemment plus d'espace, plus de terre cultivable, huile, olivier, vignes vin et autres. Je pensais donc que j'avais trouvé avec cette ligne qui joignait le bastion de Portissol au fort du Gros Cerveau, peut-être la limite ouest de l'implantation grecque locale... Tauroeïs me réservait encore bien d'autres surprises.

36

La route sécurisée de Chateauvallon

Retour à Sanary, je continue les relevés au champ électromagnétique résiduel de piézoélectrique donc toujours et je trouve deux autres routes sécurisées, faites encore de deux remparts de quatre mètres de large. Je prends d'abord celle qui est la plus simple à suivre, soit qui longe quasiment la route qui part vers Ollioules puis traverse la Reppe pour aller un peu en dessous de la chapelle de Pépiole et là, 1er miracle je trouve un mur épais de deux mètres cinquante de large qui est sur la continuité du rempart électromagnétique. Une trace visible enfin, un reste de rempart. Et bien en fait ça fait plus comme une vieille restanque dont on se dit automatiquement " c'est plus récent, ça ne peut pas être grec ". Par endroit les pierres sont énormes, ça faisait un peu lourd pour des paysans. Mais le taux est au-dessus exactement, je ne peux que le constater. Donc pour moi c'est grec. J'en fais la déclaration le soir même, mais évidemment sans l'élucidation scientifique du taux et l'aspect plus récent de la restanque je sais à quoi m'attendre. Mais je sais que je fais une fois de plus que de l'archivage, ce qui me convient également. J'avais déjà trouvé un mur grec non recensé ailleurs, avec le taux vibratoire dessus, mais je n'avais même pas cherché à le déclarer tellement il paraissait plus récent.

Mais le champ électromagnétique était présent sur lui à 300% et je savais qu'il allait falloir attendre son élucidation pour valider sa datation.

Je continue le tracé de la route sécurisée pour la retrouver dans une zone industrielle, s'ils savaient, puis elle traverse la voie ferrée, l'autoroute, et fonce vers Chateauvallon… Ça fait loin de Sanary et ça fait de la pierre encore… Définitivement adieu aux archéologues que je connaissais, je pensais. Avant de la retrouver à Chateauvallon, je l'avais perdu dans une zone privée. J'étais alors rentré, fatigué des deux heures de relevés en état d'hypersensibilité et je m'étais reporté aux images satellites sur géoportail chez moi pour voir à peu près, selon la direction qu'elle prenait, où elle risquait d'atterrir après les zones privées et ce fut Chateauvallon donc. Mais qu'est ce qu'il y avait à Chateauvallon pour qu'ils puissent faire une route sécurisée avec tant de pierres en partant de Sanary, une mine d'argent ? Cuivre ? Une route sécurisée pour le transport de denrées de valeurs, je pensais.

Le lendemain je repartis pour Chateauvallon et je retrouvais la route sécurisée qui fonçait en fait vers le col du cap gros... Pour un autre fort de vigie évidemment.

Voilà quel était encore l'intérêt de cette route : le militaire, le fort de vigie, la protection, la sécurité de Tauroeïs, le luxe de l'antiquité.

Aujourd'hui encore les budgets alloués au militaire sont des plus conséquents.

Je trouvais d'ailleurs dans la colline, sur une longueur de trente mètres, un mur de route sécurisée encore intact, du moins les deux premiers mètres de hauteur. Alors une restanque perpendiculaire au col c'est quoi ? Deux mètres cinquante de large, ça fait un sacré plantage pour un paysan. Et tout le long du tracé de la muraille, je trouve des fours à chaux, en plus des restanques classiques qui sont des réutilisations des murs.

Voilà où sont passés les murs, murailles dans leur réutilisation qui les ont fait disparaître avec le temps.

Les fours à chaux où l'on soumet la pierre au feu, à des températures élevées jusqu'à ce qu'elle se décarbone, là elle se réduit en poudre et devient de la chaux vive. 2000 ans plus tard, il n'y a plus rien. (les plus vieux fours à chaux[12] ont été datés de 10400 av. J.-C. dans la région d'Israël, 16000 ans av. J.-C. pour des traces de première utilisation de chaux

---

[12]Four à chaux wikipedia / voir bibliographie num.

dans le désert du Sinaï pour sertir des pierres taillées de sagaies.)

De tout ce que j'ai trouvé, cela constitue une telle quantité de pierre que l'on devrait avoir des traces de réutilisation conséquente.

Certes il y a nombre de restanques et de murs qui ont été faits avec les pierres des murailles et autres, mais vu la quantité, il devrait nous en rester plus de traces, même dans les édifices.

Or il n'y a rien, parties en fumée : 2000 ans de nécessité d'avoir de la chaux vive pour fertiliser les terres, les cultures, je ne vois que ça comme explication et c'est impressionnant je vous l'accorde. Et pour preuve, je crois même que par endroits, ils sont allés récupérer les pierres de l'aqueduc dans le Montanier pour les brûler.

Je ne suis pas allé cartographier le fort vigie sur la colline de cap Gros à cause de problèmes moteurs personnels toujours.

37

Route sécurisée de La Seyne-Sur-Mer / Balaguier

De retour à Sanary, je pris l'autre route sécurisée pour voir où elle menait. Elle passait par les Playes, à droite du fort de Six-Fours et si on le regarde de Sanary, soit sur son flanc sud, puis elle fonce vers La Seyne en restant toujours sur les positions hautes, soit sur les crêtes des collines. Arrivé au quartier de Vignelongue à La Seyne-sur-Mer, je trouve un autre rempart qui lui, part seul. Je comprends alors que je viens de trouver une des limites de la ville de la Seyne antique. La vie s'organisait autour des remparts, des routes sécurisées. Elles offraient une protection permanente, empruntée régulièrement par les soldats. D'ailleurs sur la route qui menait à Châteauvallon, il y avait un embranchement qui partait vers Toulon, soit la ville antique de Marco Telon.
Je retrouvais la route sécurisée dans des collines de La Seyne-sur-Mer pour finalement me mener à un lieu dont je me doutais : le fort de Balaguier. Et oui, première implantation de Balaguier : grecque.

J'ai commencé à le cartographier, il était beaucoup plus imposant que le fort actuel, le triple à peu près.

Il me parut évident qu'au quartier du Mourillon à Toulon, il devait y avoir possiblement des bastions, des extensions des fortifications de Tauroeïs.

On retrouve d'ailleurs la trace de cette entente entre les Grecs et les autochtones de Marco Telon dans la bataille navale de Massalia dont celle de Tauroentum en est la deuxième manche, car ils ont pris part au combat en venant se joindre aux Massaliotes contre les forces navales de César, dirigées par Brutus, son amiral.

Une preuve historique de leur entente avec une compréhension évidente de par le fait qu'ils s'entraidaient dans la défense de leurs intérêts communs.

38

L'acropole du fort de Six-Fours

Lors d'une visite chez mon médecin, je lui fis part de mes recherches. Il me parla d'une acropole grecque qui se tenait autrefois à la collégiale Saint-Pierre au fort de Six Fours. Quoi ? Une acropole grecque et pas un archéologue ne m'en avait parlé ??... Ça signifiait évidemment que si les Grecs avaient fait une acropole aussi loin de la forteresse-ville des Embiez, évidemment qu'ils étaient implantés au moins jusqu'au fort de Six-Fours ! Ils n'allaient pas faire une acropole en dehors de leur chôra, de leur territoire pour le laisser aux Ligures ou prendre le risque d'être attaqués en y allant ? Évidemment non.

Je fonçais à la collégiale et je délimitais une structure au taux vibratoire, rectangulaire dont j'ai trouvé que deux côtés, les deux autres sont inaccessible à cause de l'édifice actuel soit la collégiale Saint-Pierre, les bases d'une tholos possiblement (édifice circulaire à destination religieuse ou funéraire, coupole.)

La vue en haut du fort permet de voir à 360 degrés tous les alentours. Évidemment qu'il devait y avoir un fort de vigie, mais je n'ai pas pu le cartographier et pour cause ; c'est encore aujourd'hui une zone militaire. Mais de ce site je pouvais voir toutes les limites que je connaissais à l'époque de Tauroeïs.

Plus bas je trouvais aussi deux petits fortins sur les collines de Six Fours. Il y avait là un endroit qui me faisait penser à une zone de parquage des esclaves, soit au quartier des Playes, l'espace conséquent à cet emplacement entre deux routes sécurisées, mais j'y reviendrai plus tard.

39

La route sécurisée vers Six-Fours, Saint Mandrier

De retour à Sanary je compris que deux des murailles / remparts que j'avais trouvées sur le parking de l'esplanade étaient trop près l'une de l'autre et qu'elles devaient être aussi une route sécurisée. Effectivement je les suivais pour arriver jusqu'au centre de Six Fours où en voiture lors de ma première visite avec Sylvain, j'avais ressenti un taux vibratoire sans savoir de quoi il s'agissait. Je pensais alors que c'était un édifice ultérieur à la période grecque, fait de la réutilisation des pierres de Tauroeïs. Or non, c'est une porte qui coupe la route sécurisée, un point de passage, vérification, beaucoup plus large que la route sécurisée en elle-même d'ailleurs. Je pense aujourd'hui qu'il pourrait s'agir de la porte d'entrée du territoire grec, après nous trouvons les villes antiques de Tamaris, La Seyne et Toulon. Actuellement c'est en plein sur des ronds-points, c'est assez difficile de se concentrer pour l'étudier, car il y a trop de passage, mais il s'agissait donc d'un checkpoint antique.

Puis la route sécurisée fonce vers les Sablettes, Saint Mandrier pour arriver certainement, mais c'est une zone militaire impénétrable encore, vers un fort de vigie. Elle passe à côté d'une ville antique à Tamaris, engloutie aujourd'hui. Il y a un premier petit fort aussi sur la colline du chemin de la Renardière avant d'arriver à St Mandrier.

Ça fait beaucoup je sais, mais ce n'est pas fini.

Il me parut évident que les places hautes du mémorial du débarquement et du mont Faron devaient être aussi des forts bastions et évidemment le Coudon. Vu comme la configuration se présentait, soit toutes les places hautes fortifiées, forts et vigies, comme une barrière, un premier front et après les terres ennemies ligures où du moins, les chemins et routes qui seraient empruntés pour une attaque. L'été pointant le bout de son nez et craignant la chaleur, de toute manière il faut vraiment que les conditions soient optimales pour bien pouvoir se concentrer du fait que ce soit assez éprouvant, je freinais doucement la fréquence de mes relevés. Avec la chaleur je ne peux faire des relevés que pendant trente minutes seulement, ce qui n'est plus intéressant pour des déplacements.

40

Fortification jusqu'à Cytharista soit La Ciotat

De l'autre côté à l'Est, soit à Bandol, j'avais stoppé mes relevés d'une route sécurisée au niveau du pont ferroviaire qui relie Sanary à Bandol. Je savais qu'il fallait que je les reprenne, même si je savais très bien que si je trouvais encore des éléments, des structures, je m'éloignerais encore de tout entendement d'archéologue commun.

Je voulais vérifier une théorie : est-ce que les Grecs avaient fortifié toute la côte jusqu'au prochain comptoir/ville massaliote Citharista, soit La Ciotat ?

Je continuais de suivre la route sécurisée. Je la longeais jusqu'à Bandol puis elle continuait vers l'île de Bendor en plongeant directement dans la mer. Elle devait en faire le tour, car elle revenait un peu plus loin pour reprendre un itinéraire terrestre.

Il est évident que cette place isolée était la répétition du système de bras de terre des Embiez et qu'elle devait être fortifiée. J'établis son entrée au rond-point du quai de l'hôtel de ville.

Ensuite il devait y avoir une partie habitation puis un fort bastion encore au niveau actuel de l'île de Bendor. Je n'ai pas étudié à fond la zone, je n'ai fait qu'un bref passage. L'île de Bendor est fermée actuellement pour travaux et pour longtemps. Cependant, comme il ne s'agissait en aucun cas de La Ciotat, peut-être on peut s'accorder à dire qu'il s'agissait encore d'un élément de fortifications de Tauroeïs. Je continuais de longer la côte de Bandol jusqu'au port d'Alon en passant par Athéna, une construction contemporaine. Effectivement tout le long était fortifié, logiquement. Je ne trouvais que deux murailles seulement, ouf. À une plage où j'avais l'habitude d'aller, je retrouvais des murailles et apparemment il devait y avoir aussi un petit port, il y avait une matte dans l'eau comme à Portissol. Je regardais la côte au loin, je voyais les îles des Embiez, Bendor et des zones que j'avais déjà cartographiées et je compris alors l'état d'esprit des Grecs : tout ce qu'ils voyaient devait être sécurisé et contrôlé. Aucun espace ne devait être laissé à l'ennemi. Je continuais vers La Ciotat, après port d'Alon dans les collines légèrement abruptes qui longent la côte jusqu'à la Madrague, les murailles sont vraiment indicatives, juste présentes plus pour signifier, que pour protéger, par endroits la pente abrupte fait le reste.
Je retrouve les murailles / remparts à Saint-Cyr les Lecques fonçant vers La Ciotat, je ne suis pas allé plus loin, mais j'ai compris la suite.

Quelque part c'était logique, Massalia étant juste après les calanques, la grande baie de La Ciotat pouvait être une place de choix pour faire débarquer massivement des troupes et attaquer par la terre en contournant les calanques, soit en suivant tout simplement le tracé actuel de l'autoroute qui en définit les passages les moins escarpés.

L'été venait donc de mettre une grande pause à mes relevés et ce n'est pas de refus pour le cerveau, de revenir journalièrement à 2023 et d'y rester.

41

Deuxième pas de tir de catapulte

Évidemment ça n'a pas duré longtemps…

Comme je ne pouvais plus trop bouger, je décidais de m'attaquer à des éléments à portée de main, plutôt de vélo… Soit à Sanary. Je plongeais en mer aux Baux pour trouver un deuxième pas de tir de catapulte juste à côté du premier, du moins il était séparé par une petite plage, la petite plage où j'avais trouvé l'ancre grecque de 700 ans av. J.-C., dont je pensais à l'époque qu'elle était réutilisée pour les catapultes. Et bien avec mes relevés j'en avais une potentielle preuve, cette petite plage bourrée de différentes pierres de toutes sortes était peut-être un réservoir à projectile puisqu'elle se situait entre les deux pas de tirs. Qui irait bouger un tas de pierres… Du coup c'est peut-être le dernier élément visible de la période grecque de Sanary encore aujourd'hui.. La mesure oblige à dire peut-être ou possiblement ce qui n'est pas toujours récurrent chez moi je vous l'accorde.

En même temps, la houle ramène régulièrement des pierres sur cette petite plage, donc cela peut-être seulement une concordance d'éléments.

42

Sortie de route de l'entendement commun

Première étape du siège de Tauroeïs

Je vais maintenant entrer dans une autre dimension de mes recherches et le terme n'est pas choisi pour rien. Si déjà jusqu'ici cela vous a paru peu crédible, inutile de continuer. C'est maintenant que je suis obligé de me détacher de toutes peurs de jugements des autres pour continuer mon récit et partager mon travail et mes trouvailles. Voici une autre source d'information que j'ai exploitée et qui m'a ravie au début pour ensuite m'achever : les échos temporels.

Dans le travail de lecture des fréquences résiduelles, j'avais déjà trouvé énormément de choses. Il faut savoir que pour une fois, ce type de recherche me vient d'un archéologue de Fréjus dont j'ignore encore aujourd'hui le nom pour l'avoir oublié trop vite.

C'était il y a 25 ans environ au Flunch de la gare de Nice, je fais la queue comme tout le monde, j'arrive au niveau des plateaux. La première étagère de plateaux était vide, il n'en restait que sur la deuxième qui était beaucoup plus haute. Je mesure 1m85 donc ce n'était pas un souci pour moi. Or la personne qui était juste après moi était un tout petit monsieur d'un mètre cinquante à peu près et il était évident que les plateaux n'étaient pas à sa portée. Je le regarde en pensant : ''toi tu es grillé''.
Il regardait les plateaux tout penaud de son sort et de cette banale injustice. Évidemment je lui passe mon plateau et j'en reprends un autre. Il me remercie allègrement et je continue ma file, je prends mon plat, etc, et je vais m'asseoir à une table à deux places pour être tranquille. Et je le vois qui cherche une place, il me voit et me fonce dessus. Je me dis intérieurement, flûte il a trouvé la bonne poire, je vais devoir me taper tout ce qu'il a à dire. Et bien pas du tout, très intéressant, très posé, juste, un ancien résistant qui n'est jamais venu chercher sa décoration, il a fallu que les gendarmes lui amènent chez lui et qu'il la reçoive de force. Il me disait, c'est normal, on l'a fait par ce qu'il fallait le faire, c'était évident, en aucun cas pour une recherche de reconnaissance. Puis je lui demande ce qu'il fait dans la vie, archéologue me dit-il, du moins en ce moment. Je lui parle alors d'une expérience que j'avais eue avec une voie romaine.

À Biot, dans une forêt qui n'existe peut-être plus maintenant, vu la montée de l'urbanisme dans la région, il y a un tronçon de voie Romaine. Elle est toujours bien visible, car elle est creusée dans la roche. Et je m'étais assis à cet endroit et j'avais regardé le paysage au loin où l'on ne voyait pratiquement pas de maisons. Et je sentais qu'à cet endroit précis, les voyageurs arrivaient et se disaient " ça y est c'est bientôt la fin de la route on est arrivé ".

Je lui fais part de cela en lui disant que c'était certainement une fausse impression. Et la il me rétorque pas du tout c'est même sa façon de travailler qu'il me détailla du coup : en arrivant sur un site de fouille archéologique, il m'explique qu'il s'assoit, se laisse envahir par les impressions que lui donne l'endroit et qu'il arrive à déterminer ainsi où se trouvait le boulanger, etc, puis il fait faire les fouilles en fonction. Il avait même cherché une explication à cela. Un ami à lui, scientifique, lui aurait dit que les électrons pouvaient se charger d'une information émotionnelle que j'appellerai plus tard fréquence résiduelle. Et c'est grâce à ce vieux Monsieur qui a dû certainement nous quitter aujourd'hui, que j'ai pris beaucoup plus au sérieux mes ressentis, du moins que je leur ai laissé une porte ouverte. Mais je n'aurais jamais cru qu'ils me mèneraient un jour à mes recherches actuelles.

Pour amener ce qui va venir, quand j'avais trouvé l'ancre et qu'on m'avait envoyé un archéologue amateur pour l'authentifier, il m'avait dit donc qu'on ne savait pas comment Tauroeïs avait été prise par les Romains. César parlait dans la guerre civile de la bataille navale, mais en aucun cas de la prise physique de Tauroeïs par la terre. Je lui avais répondu que je regarderais, " quel prétentieux " il avait dû penser, mais c'était vrai je voulais faire une lecture de fréquences comme je le faisais pour les bouts d'amphores ou autres et ça marchait très bien. Moi je suis à fond dedans, souvent je ne me rends pas compte du regard extérieur.

Donc je m'assieds sur les Baux en regardant les îles des Embiez, je me détends et je me concentre. Donc je vois d'abord une rencontre en mer face au petit Rouveau entre six navires, trois côté grec, je pensais, et trois côté adverse soit romain. Les deux navires centraux se rencontrent pour une entrevue, pour parlementer. C'est un piège, c'est une ruse, une personne importante grecque est capturée et c'est avec cet otage que la forteresse de Tauroeïs est mise en danger. Ils obligent les Grecs à les laisser rentrer sous menace de tuer l'otage. L'entrée se fait au niveau du port actuel des Embiez qui n'était pas un port à l'époque, mais il devait y avoir un petit embarcadère, je n'ai pas pu cartographier la zone précisément, car je n'ai pas de bateau donc. Les Romains entrent dans la forteresse.

Il n'y a pas vraiment beaucoup de troupes bizarrement pour les accueillir, possiblement beaucoup on fui déjà. Les Grecs ont déjà dû se réfugier dans la tour fortin et la muraille défensive globalement. Les Romains tuent et massacrent la plupart des Grecs présents et en torturent certains, leur font subir des horreurs. Volontairement ils laissent s'échapper cinq ou six prisonniers, faisant semblant de ne pas y prêter attention, pour qu'ils aillent prévenir les autres et semer la terreur en témoignant de ce qu'ils ont vu.

Rappel : alors les fréquences résiduelles c'est aussi des pensées, donc il y a qu'à lire les pensées résiduelles, c'est des fréquences aussi, on pense en sons.

Les évadés sèment l'effroi comme prévu. Je passe le type de torture. Les Romains font un radeau macabre et le laissent dériver jusqu'au port Nord de Tauroeïs, soit dans la rade, toujours pour semer l'effroi et les pousser à se rendre sans combat. Les Grecs ne lâchent rien, sûr de l'efficacité de leur muraille défensive est. La ville dans la lagune actuelle est évidemment vidée. Les Romains s'entassent en nombre dans la partie ouest de la forteresse, toujours au niveau du port des Embiez, la voie étant libre par bateau évidemment. Les Romains commencent l'attaque vers l'Est et brûlent les entrepôts (au niveau de la maison du patrimoine actuel) pour démoraliser définitivement les Grecs et les pousser à se rendre.

Et ça s'arrête là, on est vers la fin août et c'est tout ce que j'ai, je n'ai pas commencé la cartographie je ne sais rien de la forteresse ville. Je sentais bien qu'au niveau du port du Brusc il y avait quelque chose qui faisait peur au Romain et qui les décourageait d'emblée de lancer une bataille mais quoi ?

Bien avant de faire mes recherches j'avais senti un exil, un mouvement de population civile qui quittaient leurs habitations, sereins, et qui embarquaient vers le petit Gaou.

Mais c'était en mai et peut-être un an et demi avant. Je ne savais même pas que les Grecs avaient été ici. Je m'étais dit : " tiens il y a du avoir un exil ici " et c'est tout. Du coup je pensais avec cet élément qu'ils avaient dû capituler avec un arrangement et dû se rendre. Puisqu'après l'incendie des entrepôts je n'avais plus rien. Je ne savais pas à l'époque comment ça fonctionnait au niveau des échos temporels. Quelques mois plus tard, j'avais essayé de refaire une lecture et je ne voyais plus rien. Je pensais alors que je pouvais avoir accès aux informations qu'une seule fois, une seule lecture et fini, over.

Et à quelques archéologues amateurs, c'était le récit que je leur faisais, la prise de Tauroeïs avait été faite par la ruse et la capitulation. Bien sûr ,le tout étant impossible à prouver, mais disons que bon, pour certains mais pas tous, cela pouvait paraître plausible, puisque César avait vaincu par voie navale.

La mer leur étant coupée, il paraissait sensé que les Grecs de Tauroeïs se soient rendus suite à la capitulation de Massalia en octobre 49 av. J.-C... Et donc selon mes lectures ils avaient un peu résisté avant de capituler.

43

Prise de conscience de l'écho temporel

Attention c'est le moment de l'écho temporel, accrochez-vous au présent si vous ne voulez pas être perturbé.
En juillet il me vient une réflexion. Quand à mes quatorze ans j'avais vu ce flash de guerriers, des soldats hoplites et Romains en fait, qui se battaient sur la mer comme s'ils étaient sur terre, et sachant maintenant que la bataille avait eu lieu un 31 juillet, soit exactement la période estivale de baignade, je ne me souvenais pas du jour exact, mais c'était bien pendant la période juillet-août. Et si cette vision avait eu lieu un 31 juillet ? Ne serait-ce pas un écho temporel ? Il fallait que j'aille vérifier pendant l'été, soit le 31 juillet. Je replongeais dans les textes pour essayer de trouver l'heure exacte de la bataille, histoire de ne rien louper dans le cas où ma théorie serait juste. Je trouvais donc, selon le récit du poète Lucain " au lever du soleil "... Bon déjà ce qui était bien, c'est que je n'aurais pas à souffrir des hautes températures.

Je n'ai pas pu arriver avant neuf heures trente du matin, mais les fréquences étaient tellement fortes que j'ai pu ressentir les prémices de la bataille de chez moi. La bataille a commencé aux alentours de neuf heures du matin soit sept heures du matin à l'heure du soleil. Il y a eu une consultation, discours, à terre, au port nord de Tauroeïs puis les Grecs se sont levés d'un coup avec fougue et ont foncé vers le lieu de la bataille. Une fois sur place, je ne peux malheureusement pas encore révéler l'emplacement, il y a avait des fréquences puissantes, presque des odeurs de fracas de bois et de fer. Les masses noires de la zone de combats étaient bel et bien présentes, même plus fortes, ravivées par l'écho temporel, la date anniversaire de l'événement. Et c'est là, la grande trouvaille qui va me permettre de travailler encore sur tout ce que je veux pendant des années : la date anniversaire provoque des échos temporels qui ravivent les fréquences résiduelles… Trouvez-moi un chercheur en physique quantique tout de suite pour faire un appareil permettant d'enregistrer les échos temporels ! Non il va falloir attendre malheureusement. En ce qui concerne ce 31 juillet 2023, il y avait un fort vent malheureusement, donc je n'ai pas pu faire de lecture précise, le vent couvrait tout. Par contre aucune trace le matin du fameux passage sur le radeau, bizarrement.

Également au niveau de la forteresse, il n'y avait aucune activité du côté ouest, soit après le port des Embiez. Ils devaient tous être déjà dans l'enceinte du triple rempart est.

La suspicion de l'existence des échos temporels m'était venue lors du visionnage d'une émission qui relatait des phénomènes paranormaux (phénomène paranormal saison 4 épisode 12, le rocher maudit .) C'était l'histoire d'un bunker en Afghanistan où les nouveaux résidents, militaires américains, avaient vécu une attaque un soir, sans qu'il n'y ait personne en réalité et tout s'était arrêté d'un coup. Ils avaient entendu les mitraillettes tirer, l'odeur de la poudre, etc. Peut être un écho temporel, m'étais-je dit, de la date anniversaire d'une précédente attaque.

Frustré par le mistral qui me coupait toutes lectures directes, les fréquences étant brouillées dans le vent donc, je revins en fin d'après midi et là les fréquences résiduelles du radeau étaient présentes au même endroit que je les avais perçues à mes quatorze ans. Je n'ai plus eu cette vision, peut-être le flash n'est qu'à une heure précise, mais j'entendis cette fois-ci le bruit des épées et ce n'est pas rien. Il n'y avait que cinq, six bateaux encore debout qui flottaient donc, ancrés, immobile et les hommes avaient décidé de se finir sur ce grand radeau, dans l'après-midi donc et non le matin, comme une deuxième phase de la bataille dont César ne parle pas évidemment dans son récit, ni aucun autre conteur, de ce moment de la bataille. Puisqu'il s'agit d'une victoire fracassante de Brutus et des Romains, ben oui…

Alors je me pose toujours la question, était-ce un tableau final pour déterminer le gagnant ou était-ce les Grecs qui avait mis là les Romains de Nasidius pour leur traîtrise du matin, du moins ceux qui auraient pu rester à terre.

Je m'explique : attention premier choc historique. Quand j'avais fait ma première lecture de la bataille en août 2022, je n'avais pas fait attention au début de la bataille. À droite, il y avait un mouvement très zen que je n'avais pas du tout assimilé à la bataille évidemment, je cherchais des combats et non du zen… En fait, c'était le tout premier mouvement de la bataille : l'abandon, la fuite de la flotte de Nasidius (18 navires) face à la bataille. Elle est dans la description de la bataille par César et d'autres auteurs. Nasidius prit la fuite voyant que les Romains agrippaient les navires grecs (flotte de 17 navires) avec leurs grappins. En fait, la stratégie des grappins est un élément qui est mis en avant par le texte de César et les autres, comme étant ce qui a fait basculer la bataille vers la victoire romaine. La stratégie des Grecs est un combat naval ayant comme force de frappe principale l'agilité des pilotes et l'éperonnage. Soit, les navires grecs percutent avec leurs rostres les navires romains par le flanc ou autre, puis ils se dégagent rapidement.

Le trou béant ainsi créé emporte le navire par le fond. La stratégie des Romains est de se laisser éperonner, puis une fois les deux navires encastrés, de jeter des grappins de fer afin d'empêcher le navire grec de se dégager, puis de monter à bord pour en découdre. Les Romains étant plus habiles au combat sur terre, de plus ils avaient sélectionné des soldats de choix, une fois sur le pont adverse, leur sort était joué. Et donc ce serait à la vue de cette hécatombe que Nasidius se serait enfui. Non, non, non, et c'est là tout l'intérêt des échos temporels et des fréquences résiduelles. Nasidius est parti juste avant le début de la bataille, stratège des Romains pour semer l'effroi chez les Grecs. L'impact psychologique de la perte de l'assurance de la victoire par l'avantage numérique et de la perte de la stratégie initialement prévue soit l'encerclement. César en parle en ces termes dans la guerre civile, sur bataille navale de Tauroentum. « *Quant aux vaisseaux de Nasidius, ils ne furent d'aucun secours et ne tardèrent pas à se retirer du combat. Ni la vue de la patrie, ni les instances de leurs proches n'animaient ces hommes à braver le péril et la mort; aussi aucun de leurs vaisseaux ne périt.* «

Ce qui peut être lourd de conclusion. La guerre civile, une stratégie romaine pour provoquer la guerre avec les Grecs afin de prendre leur territoire ? Pompée donne des terres à l'ouest de Massalia aux

Grecs pour bien ancrer l'entente, puis vient la guerre civile, les Grecs vont-ils trahir celui qui lui a donné des terres ?

Évidemment non. Et le piège se referme sur les Grecs comme prévu. Toujours un stratagème de César ou de Rome. Avant il y a eu la guerre des Gaules. L'empire romain, officiellement César, a d'abord attaqué les ennemis sachant que les alliés ne les gêneraient pas, puis une fois vaincus ils s'en sont pris aux alliés dans une volonté d'expansion de l'Empire romain comme tout dictateur sait si bien le faire, comme nous l'avons vu dans l'histoire, avec le pangermanisme entre autres. Pour moi la dictature romaine de l'époque de César est une dictature qui a réussi. Il ne reste pratiquement que le texte de César et des textes concordants. César aurait-il arrangé ses écrits à sa façon ? Et ces derniers ne cacheraient-ils pas un génocide ? C'est une orientation que j'entrevois actuellement.

César avait également fait des dons aux Massaliotes. En route pour l'Espagne pour aller combattre les armées de Pompée, il demande à entrer dans Massalia et les Grecs refusent à ces légions l'accès, mais pas à lui-même selon Lucain.

En même temps, laisser entrer les légions de César dans l'enceinte de la ville, cela comporte un risque évident, également que d'y rentrer seul. Enfin le refus a signé le début de la guerre selon les textes.

Peut-être que les Grecs avaient flairé un obscur stratagème...

D'autant plus qu'entre César et Pompée a existé le triumvirat, un accord secret passé entre eux et Crassus, passé bien avant leur différend, mais qui dénote d'une entente cordiale antérieure à la guerre civile. Pompée était marié avec la fille de César, Julia, et une fois morte, il épousa la veuve de Crassus. Enfin c'est un sacré ficelage.

Au final de l'histoire pour faire court, Pompée fuit en Égypte où le frère de Cléopâtre, le pharaon Ptolémée XIII, le fait décapiter en signe de soutien à César... Enfin ce n'est pas le passage de la guerre civile de la Pharsale de Lucain qui m'intéresse. La période sur laquelle je me concentre avec mes moyens d'acquisition de données, c'est les Massaliotes et leur sort réel dans la guerre civile.

44

Le siège de Tauroeïs étape 2

C'est la suite que je vais vous conter maintenant qui m'a fait entrapercevoir ces nouvelles orientations. Début du mois de septembre 2023, je me rends au Brusc, juste pour boire un verre, la citadelle grecque me manque parfois. Je me gare avenue du Mail sur les places de parking le long de l'antique grande muraille que j'avais cartographiée. Je sors de la voiture, je ferme ma porte, je me tourne vers l'avenue et boom je suis en pleine bataille, en pleine prise de Tauroeïs par les légions de César. Les fréquences résiduelles venaient d'être ravivées par la date anniversaire, l'écho temporel. Elles venaient de se passer peut-être quelques jours avant et les fréquences résiduelles étaient là, présentes à 80% d'intensité. Je n'avais plus qu'à les lire. Comme je le pensais, les attaques des assaillants, soit les Romains pour cette fois (j'ignore s' il y a eu des attaques ligures) sont portées sur la porte nord et sud uniquement.

À la porte nord, les assauts répétés font rage, les Romains sont stoppés net par les chaudrons d'huile bouillante et ils ne se ré-aventurent plus dans le couloir de la porte nord. Du coup ils rabattent leurs attaques entre la porte nord et le premier ceinturon. Ils n'ont jamais dépassé la troisième muraille...
Vous imaginez l'efficacité du système défensif massaliote: les légions romaines n'ont jamais dépassé la troisième muraille.
Le premier rempart de quatre mètres de large est ouvert par les portes, les troupes s'engouffrent dedans, j'ignore si les attaques sont faites de plusieurs centurions, soit cent soldats par centurion, ou une cohorte, soit six cents soldats. Les légions romaines sont stationnées en long sur le flanc de colline en face de la grande muraille. Elles ferment complètement Tauroeïs par voie de terre, pour inciter la peur, l'effroi chez les Grecs, les terrifier, leur signifier qu'ils sont perdus : la pression psychologique. Le poste de commandement est sur la colline en face du ceinturon place du mail. Les tribuns angusticlave regardent et dirigent les assauts du haut de leurs chevaux. La muraille qui vous prend le souffle. C'est une fréquence de mort que j'ai d'abord interprétée comme étant normale puisque quand on meurt on ne respire plus, or non. Les troupes passent le premier rempart ouvert donc par les portes, elles escaladent le deuxième, qui est en fait véritablement une muraille à franchir, plus basse évidemment que les

remparts, six mètres de hauteur peut-être, celles que j'avais ignorées au début, car le taux était très faible, et quand ils essayent de gravir la troisième muraille également de six mètres possiblement, ils s'effondrent, ils tombent tous. C'est pour ça je ne comprenais pas au début pourquoi il y avait de petites catapultes sur les ceinturons qui jetaient des braises uniquement. Pourquoi ne jetaient-ils pas des pierres également ? En fait les braises devaient faire légèrement prendre feu à un élément dont j'ignore la nature, au sol, entre la deuxième et la troisième muraille, et les gaz de combustion qui en résultaient étaient mortels… La muraille qui vous prend le souffle. Les Romains n'ont jamais dépassé la troisième muraille donc…

Je vais sur le port et je vois que ça barde au bastion sud, je me rends sur place.

Comme je le pensais, il n'y a aucune attaque sur les autres ceinturons donc. Il n'y a que deux fronts, la porte nord et la porte sud. Je pensais que c'était la stratégie de l'assaillant, mais non encore une fois c'était la stratégie voulue des Grecs. Entre les autres ceinturons, l'artillerie ne laisse aucune chance, tirs de catapultes ou d'archers permanents si besoin, laissent l'ennemi à bonne distance, le tout évidemment pour qu'ils se rabattent vers les portes nord et sud où les attendent les couloirs des chaudrons.

L'artillerie romaine se tient sur le front du bastion sud, à trente mètres environ de la première muraille de quatre mètres.

Les troupes de réserve se tiennent sur la petite bute juste avant le bastion sur le chemin de la Gardiole.

Les premiers assauts ont été catastrophiques, les Romains se sont engouffrés dans le couloir et le nombre de pertes dues aux chaudrons est conséquent. Deux, trois tentatives seulement ont été réalisées, ensuite les hommes ont ordre de ne plus dépasser la troisième porte et d'entrer dans le couloir.

L'assaut se déroule ainsi seulement à cet endroit et les Romains piétinent, se font massacrer également par des tirs de divers projectiles. Et du coup les Romains se rabattent sur leur artillerie qui ne fait qu'égratigner les Grecs.

Et le siège dure sans trouver de solution décisive.

Les Romains avaient déjà pris la ville dans la lagune actuelle comme je l'avais indiqué dans ma première lecture, du coup, ils sont présents et mènent leur assaut également sur le front sud du bastion sud, soit la grande passerelle faite des trois murailles de quatre mètres de large qui se rejoignent en leur sommet. C'est là que j'ai vu toute l'importance de ma cartographie de l'année précédente. J'ai eu le lieu, et l'année d'après, l'action dans le lieu. Que demander de plus ? Si je n'avais pas fait la cartographie en premier, je n'aurais rien compris à la bataille.

Là, l'étude des structures m'a permis de comprendre le point faible de Tauroeïs qui a permis aux Romains de prendre la grande muraille défensive et de fixer l'issue de la bataille.

Le bastion sud est tombé.

En fait, la passerelle entre le bastion sud et la forteresse de l'île des Embiez était un point fort du système défensif de Tauroeïs et qui est devenu un point faible quand les Romains l'ont exploité. De ce côté le campement romain était au niveau du parking des corniches des îles environ. En fait, je pense aussi qu'il devait y avoir un accès à la passerelle pour les habitants de Tauroeïs, soit la ville dans la lagune. Ainsi en cas d'attaque les habitants se dirigeaient rapidement vers cette dernière, l'empruntaient par un passage aménagé, et remontaient vers le bastion sud pour accéder à la grande muraille sécurisée, puis allaient se réfugier dans la grande tour fortin du bastion nord. Une évacuation rapide qui ne devait pas prendre plus d'une demi-heure en cas d'attaque. Avec les différents forts vigies, c'était la sécurité assurée pour les riches familles massaliotes de Tauroeis, du moins le pensaient-ils.

Mais ce bras, cette passerelle de quatorze mètres de large possiblement, était un passage idéal également pour les troupes romaines.

J'ignore quel édifice protégeait le bastion sud côté mer car je n'ai pas eu accès à la zone, mais je sais comment le bastion sud est tombé et a ainsi scellé l'issue de la bataille.

Les Romains ont joué sur l'avantage que la passerelle constituait dans le sens où elle était plus haute que le sol, soit où tous les autres assauts étaient repoussés. En pleine nuit, ils ont catapulté des solides guerriers d'élite dans des boules d'osier ou de bois sur un des édifices du bastion sud, d'une tour en bois, je crois, peut-être comme à Massalia dans le récit de César (peut-être cet épisode n'appartient d'ailleurs qu'à Tauroeïs et qu'il est voulu ainsi, de fierté pour lui même, rappeler comment ces légions étaient venues à bout de la grande forteresse de Tauroeïs, mais ça on ne le saura jamais .) Ces soldats d'élite projetés sur les remparts, ont fait d'énormes dégâts et ont réussi à ouvrir les portes. À partir de ce moment-là, l'avantage défensif d'être en hauteur de la grande muraille était perdu et les Romains n'ont eu qu'à avancer sur un plan d'égalité et comme ils étaient supérieurs en nombre évidemment, ils n'ont eu qu'à, en haut des remparts, prendre ceinturon par ceinturon jusqu'au bastion nord. Arrivés au ceinturon de la place du Mail, ils ont encore été stoppés net par l'artillerie de la tour fortin. Toujours imprenable. Ils ont alors proposé un sauf-conduit si les Grecs se rendaient, et les Grecs ont accepté.

Fin du siège de Tauroeïs je pensais à ce moment, je verrais le paragraphe manquant plus tard.

Ensuite il y a eu une énorme énergie venant de la mer, au début je n'ai pas vraiment compris vu la différence de fréquence avec la bataille puis c'est devenu plus distinct, c'était la venue de César venant rendre compte de la bataille, énorme. Et là, les fréquences sont au port du Brusc. Donc il arrive sur un navire, trirème certainement, mais ça les fréquences résiduelles ne le précisent pas évidemment puisqu'il n'y a que des fréquences émotionnelles. Mon quota de deux heures de lecture s'achevait, fatigué je décidais de revenir le lendemain soir, à la fraîche, le mois de Septembre étant encore chaud, pour me concentrer uniquement sur la venue de César. J'avais sa fréquence j'allais pouvoir me focaliser dessus.

45

César Venu rendre compte de la bataille

Le lendemain soir donc, pour être plus tranquille aussi, soit vers 22h, je fonce au port du Brusc et j'attrape sa fréquence de départ à son débarquement. La position de la trirème valide le quai de déchargement des amphores d'eau en face des bassins de remplissage, en fin d'aqueduc.

Il descend, en face c'est la totale pour l'accueil, en rang ordonné, etc, acclamations militaires, beaucoup d'admiration des soldats, ce qui en fait un moment grandiose, mais c'est leur admiration qui gonfle l'homme. Les fréquences de César sont loin d'être gigantesques énergétiquement bref, mais il est adulé par tous ces hommes, ils le voient comme un esprit supérieur, certainement qu'il l'est, un guide. Directement les tribuns angusticlave j'imagine, le mène à l'endroit des chaudrons de la porte nord situé juste à côté (je ne sais pas si vous imaginez, mais je sais exactement où il a marché, énorme.) Ils lui montrent le spectacle désolant des hommes brûlés vifs par l'huile des chaudrons.

Cela devait être un tableau effrayant. Une fois de plus j'ai exactement l'endroit où il s'est arrêté. Puis il s'exclame un truc du genre (je n'ai que les fréquences émotionnelles) ils vont le payer, ou le regretter, ou ils en paieront le prix, etc. Donc déjà cela voulait dire que ses espions n'étaient pas renseignés sur les chaudrons, élément que j'aurais pensé plausible. Puis il entre dans le bastion nord, du coup je sais où est l'édifice d'accès à la tour fortin sans l'avoir cartographié. Il passe devant le petit temple, monte sur les remparts, avec ses hommes évidemment et arrive en haut de la tour fortin. Là, il parle à des chefs grecs prisonniers, ils sont trois, j'ignore alors de qui il peut s'agir (plus tard je comprendrais grâce à un texte de Strabon qu'il devait s'agir certainement des 3 membres les plus importants du gouvernement massaliote, vu la description que fait Strabon de l'organisation politique de la ville, ce qui concorderait évidemment   avec la fonction protectrice de la forteresse des élites, hommes politiques, tête gouvernante incluse .) Il les flagelle verbalement puis leur donne un coup de glaive lui-même, eux sont évidemment sans défense et ses hommes se jettent sur ces derniers pour achever le travail par plusieurs coups de glaive également. Puis il se tourne vers le côté nord de la tour, du haut de la terrasse, où une grande partie de ses troupes est stationnée après le rempart à 80 mètres.

Il dit quelque chose et ses troupes l'acclament. Puis il retourne dans la tour, toujours au dernier étage et dicte un pli à des messagers
(certainement un avis de victoire pour Massalia pour les inciter à se rendre, abattre leur moral)
Il redescend ensuite avec sa garde rapprochée toujours et à son passage devant la caserne, des hommes à genoux sont exécutés, lui regarde droit devant lui, il ne les regarde pas. Je suppose que c'était des déserteurs, sans aucune certitude à ce sujet. Puis il reprend son bateau pour aller vers son repaire où il a attendu l'issue de la victoire tout le long de la prise de Tauroeïs. Je vous le dis ici en exclusivité, car je n'en ai encore parlé à personne, son repaire, je suis allé le trouver après, j'avais vu à peu près où son navire partait. Ça n'a pas été bien long à trouver, le repaire de César c'était l'actuelle île de Bendor qui avait dû être prise avant la forteresse de Tauroeïs, sachant qu'à l'époque, ce n'était pas une île, mais un bastion militaire qui avait le même principe défensif que Tauroeïs, soit un bras de terre fortifié, mais beaucoup plus petit pour celui-là, que celui des Embiez. Je n'ai jamais contacté les îles des Embiez de peur qu'ils m'interdisent l'accès pour mes recherches, mais je ne suis pas sûr qu'ils refuseront une information comme celle-là. (ce dirigeant vers les iles j'avais trop rapidement pensé que son repère était dans ces dernières or vous verrez ou il

etait exactement dans mon prochain volume, pas très loin effectivement).

D'autant plus que si un jour on fait des verres permettant de visualiser le champ électromagnétique résiduel de piézoélectrique, les visites en trois dimensions sur l'île seront exceptionnelles, des véritables voyages dans le temps.

L'île de Bendor est fermée pour travaux pendant cinq ans, je n'ai aucune possibilité d'aller cartographier quoi que ce soit.

Voilà donc pour la prise de la forteresse ville de Tauroeïs du Brusc.

* je ne pense pas qu'il y est eu de décimation, à savoir de tuer 1 soldat prisonnier sur dix, sur la globalité du siège de Tauroeïs.

46

Prise des forts vigies de Tauroeïs

Ensuite vient la prise de la suite de Tauroeïs que je me suis prise en pleine poire en écho temporel le 15,16,17 septembre. J'ai souvent hésité à la reporter ici, car c'est vraiment une note très noire. C'était le vendredi 15 septembre au soir. Il faisait encore bon, je décidais de sortir en vélo pour me balader sur la plage de Bonnegrâce. Et je passe à un endroit où je pensais qu'il y avait un bastion que je ne suis toujours pas allé cartographier, il est dans l'eau. Et je me dis " tiens je vais voir si je ne vois pas des masses noires résultante des morts dus à la bataille", qui du coup auraient été la suite logique de la prise de Tauroeïs. Une fois que la forteresse ville était tombée, qu'en était-il des autres bastions et fortifications aux alentours ? Et donc je m'arrête devant le supposé bastion, je me concentre, me focalise, et je vois la scène. Les Romains se présentent devant le bastion avec un grec qui leur promet que s'ils se rendent, il ne leur sera fait aucun mal.

Lui-même trahissant son peuple pour protéger sa femme ou sa famille certainement des menaces des Romains. Tous les Grecs sortent, déposent leurs armes et sont tous assassinés, exécutés puis brûlés sur place.

Alors j'ai l'emplacement du bûcher qui fait seize mètres de large, évidemment ils ont dû rassembler tous les Grecs qu'ils avaient capturés aux alentours, mais il a dû y avoir plusieurs bûchers. C'est un lieu de génocide trouvé à la fréquence résiduelle. Je ne l'ai pas encore cartographié, ce n'est pas la grande motivation, mais peut-être dans un devoir de mémoire, il faudra que je le fasse dans le futur, mais je ne suis pas fan évidemment. Donc je retrouve encore ces fréquences de génocide que j'avais ressenti déjà, dès le début de mes recherches, dont Sylvain me disait que c'était n'importe quoi. Cette fois-ci cela se précisait clairement. Ensuite je continue ma route et je décide d'aller voir le bastion de Portissol pour voir aussi ce qui s'y était passé. On est le 15 donc, l'écho temporel date anniversaire vient de raviver les fréquences résiduelles, je n'ai plus qu'à les lire encore. Je fonce à la porte du bastion de Portissol et je comprends un élément que je ne n'avais pas vu plus tôt, il y avait aussi des chaudrons d'huiles bouillantes pour en protéger l'accès. Les Romains débarquent sur le port de Portissol via leurs galères.

Ils se présentent à la porte sans Grec pour trahir cette fois et une fois de plus ils usent de la ruse. Les Romains de ces légions-là, soit la 12, ou la 13 ou la 14 de César, (dans les textes il aurait laissé qu'une seule légion à Marseille) c'est vraiment l'avant-garde de " la fin justifie les moyens ".
Ils proposent de leur laisser la vie sauve s'ils se rendent. Les Grecs acceptent et sont massacrés. Certains sont même jetés dans leurs propres chaudrons justement, le bastion militaire est pris, aucun prisonnier n'est fait, tous sont tués. Alors il y a un passage qui est assez particulier, les Romains rougissent du sang des Grecs les murailles côté baie de sanary. Au début je me suis demandé pourquoi cette volonté de rougir de sang les murailles, le massacre est déjà largement suffisant et quel intérêt côté mer ? En fait ça devait être une exigence de César qui devait regarder la bataille des îles des Embiez, possiblement au grand temple, soit au point culminant.
Ensuite les Romains s'en prennent aux habitations du bastion de Portissol avec tout ce que cela comporte, viol, jeux avec la mort (je ne le comprendrais que plus tard, mais prêtres et prêtresses aussi .)
Les troupes débarquent et s'accumulent pour l'attaque des forts vigies le lendemain. Les Romains n'attaquent pas le jour même, ils attendent que les forts vigies soient remplis de peur.

Ces derniers ayant été, de leur hauteur, les spectateurs forcés de la prise et de l'anéantissement du bastion de Portissol.

À partir de ce moment-là, ils savent qu'ils sont perdus, car la stratégie romaine est parfaite. Comme au Brusc, un point fort du système défensif de Tauroeïs est exploité par les Romains pour devenir un point faible. Ils attaquent le bastion de Portissol en premier, car ils savent qu'il est la clé de la victoire, car c'est de ce bastion que partent toutes les routes sécurisées vers tous les forts de vigies. Ils n'ont alors qu'à emprunter les routes et passer outre l'abattage successif des remparts. Nous sommes le 16 septembre et c'est le jour que j'appelle le " génocide day ". Je ne suis pas sorti ce jour-là. Votre voyageur temporel est resté à la maison. Déjà je ne me remettais pas des lectures de la veille, mais tout autour de chez moi était noir, noir, noir, la mort partout. Et ne comptez pas sur moi pour aller décortiquer toutes les horreurs qui ont dû se passer ce jour-là, mais j'ai pu commencer à en lire quelques-unes de chez moi et cela a donné " jeux avec la mort ". Du genre, jeter les Grecs vivants dans des brasiers incandescents de charnier déjà existant. Le jeu avec la mort, on a vu ça avec les nazis dans les camps, concours de photographie du moment de la mort... C'était la même énergie initiatrice.

C'est ce qui me fait penser que les Romains des légions de César étaient les nazis de l'antiquité, ils n'ont pas dû être les seuls évidemment. Ce qui me fait aussi m'interroger aussi sur cette réputation autour de la treizième légion s'il s'agissait de celle-ci qu'il aurait laissée à Massalia et qui était responsable aussi de la prise de Tauroeïs. Et pour nous encore, cette peur fascination inconsciente du chiffre treize.

Quand César prenait la treizième légion, cela voulait-il dire : aucun survivant ? Les exterminateurs ? C'est une question que je me suis posée.

Donc le samedi 16 septembre je suis resté chez moi malgré une belle journée. Je me suis souvenu ensuite que chaque année en septembre y a un jour où je ne sors pas non plus. Et j'interprétais ça avec la fin de l'été, petite déprime, et bien non c'était le " génocide day " que je ressentais déjà sans comprendre ce que c'était.

Le 17 septembre je suis sorti, le génocide était passé, il n'y avait plus que des finitions malheureusement, évidemment. Attention ils veillent à ce qu'il n'y ait aucun survivant et aucun fuyard pour aller reporter ce qu'ils ont vu. Il y a des fréquences d'odeurs de cochon grillé, et il n'y a pas de vent, une brume épaisse et noirâtre recouvre tout, stagnante, venant des bûchers et incendies, à la fréquence résiduelle évidemment.

Je vais à la plage, et je fuis tout cela dans 2023, mais je suis comme désincarné, pour pouvoir ne rien ressentir je quitte un peu mon corps et à la plage, je ne prends pas assez attention à mes appuis en marchant sur les rochers des digues et je me fracasse dans les rochers, une chute d'un mètre réceptionné de tout mon poids sur mon pied gauche qui s'écrase sur un rocher saillant.
J'ai toujours mal parfois, encore aujourd'hui. Autant le Titanic a encore fait des victimes récemment plus d'un siècle après son naufrage, autant moi je me suis explosé le pied gauche 2074 ans après le génocide de Tauroeïs. Quand on pense que les Grecs situaient l'âme dans les pieds…
Après j'ai d'autres petites dates, je regardais vaguement ce qu'il se passait, deux secondes avant d'être à nouveau écœuré rapidement, car le génocide avait laissé place au " vide ".

Je rajoute ici quelques petits éléments secondaires pris lors de petites lectures rapides.

Dès que les Romains ont gagné la bataille de la prise de la grande muraille et de la tour fortin, ils ont commencé le démantèlement de Tauroeïs, soit des murailles et des fortifications pour faire place nette selon la volonté de César. En même temps, cela peut s'imbriquer également dans une logique militaire, car une fois les fortifications rasées, elles ne peuvent être reprises et redevenir un avantage défensif. Pour la prise des autres fortifications de Tauroeïs, je pense donc que César avait installé son camp au grand temple de Tauroeïs soit au point culminant des îles des Embiez pour assurer son spectacle. En même temps c'était devenu une place parfaitement sécurisée.

Pour le démantèlement rapide de la forteresse qui a dû commencer à la fin de la bataille peut-être vers le 5 septembre, les Romains ont dû jeter des blocs dans la mer pour s'en débarrasser rapidement, par bateau. J'ai vu vers où exactement, j'espère qu'un jour, des plongées officielles y seront organisées.

Lors de la prise de la grande muraille est, en haut de Notre Dame du Mai, il a brûlé en permanence un grand bûcher. Je pense qu'il pouvait s'agir d'un feu d'alarme indiquant que la cité était attaquée. Ou alors un point vigie reculé que les Romains avaient pris directement et incendié pour semer la peur. Vu que le feu est permanent, je pense plus à un feu d'alarme. Du coup, où sont les autres ?

Qui devaient prévenir sur les points culminants jusqu'à Massalia et Olbia (Hyères.)

Quand on est sur les hauteurs de Hyères comme au château, on voit bien certains massifs se dessiner, on peut facilement penser qu'un système de feu d'alarme est réalisable.

Le 17 septembre lors des finitions du "génocide day", le principal des troupes est déjà parti vers Olbia. Les Romains commencent directement aussi le démantèlement du bastion de Portissol. J'ignore s'ils ont détruit le grand temple de Tauroeïs et les temples que je trouverai plus tard à Sanary.

Le 21 septembre, des éclaireurs ligures s'adonnent au pillage et la récupération de tout ce qu'ils peuvent, jusqu'au fort de Six-Fours. Les nouveaux colons romains sont restés sur les îles des Embiez.

Le 22 septembre, les Romains ont allumé un feu permanent au sommet du fort de Six Fours, plus des drapeaux d'emblème romain, pour signifier leur présence, leur occupation et l'interdiction d'y pénétrer.

Me remettant doucement de la claque du génocide il me vint une interrogation : était-ce bien le passage de l'exil post-sauf-conduit que j'avais vu en mai au petit Gaou ? Les Grecs quittant sereins et en toute sécurité Tauroeïs après la capitulation. Or ce que j'ai vu après la prise de Tauroeïs dans la partie de Sanary, Six Fours, Toulon, Ollioules, La Seyne, Saint Mandrier m'a fait douter de cette version.

 Je suis retourné alors après à la tour fortin pour en être sûr. Et j'ai vu ce que je craignais. En fait, l'exil devait être en mai, je n'avais dû voir que son écho temporel. Il devait s'agir de ceux qui avaient décidé de partir avant que César n'arrive, après leur avoir déclaré la guerre.

Ceux qui étaient dans la tour fortin étaient ceux qui avaient décidé de rester, et quand les Romains sont entrés dans la tour fortin, ils les ont tous massacrés. Trois étages possiblement donc pour cette tour fortin.
Le rez de chaussez est plein ils les tuent tous, le premier étage est plein à un tiers, une riche femme leur propose ses richesses contre sa vie, ils acceptent puis la tuent, le deuxième étage c'est le cocon, femmes, enfants, vieillards, tous tués également. Ensuite les soldats pensent à faire prévenir César de la victoire et craignent qu'ils soient réprimandés pour le massacre final et le non-respect du sauf-conduit. Ils choisissent du coup de lui montrer prioritairement à son arrivée les dégâts des couloirs des chaudrons d'huile bouillante pour se justifier et éviter d'être exécutés. (avec réflexion plus tard, peut-être cela n'avait pas suffi et les huit hommes exécutés à son passage seraient les responsables du massacre final ?)
Je n'ai vu ce passage que tardivement donc quand j'ai voulu vérifier si les Romains avaient bel et bien respecté le sauf-conduit.
Alors je vous laisse imaginer, je me plante devant la tour fortin, j'attends, je me concentre, j'essaye de voir s'il y a des fréquences résiduelles. Les gens passent, je parais suspect, on dirait quelqu'un qui regarde s'il y a des occupants dans les maisons

pour préparer un cambriolage, enfin ce n'est pas triste.

Du coup je parle à des gens qui me regardent bizarrement, je leur explique ce que je fais, mon travail, ça peut toujours éviter un signalement qui pourrait m'empêcher de travailler.

À ma grande surprise, ils m'écoutent et sont emballés, je leur fais passer le test du ressenti du taux et ils le sentent. Du coup je leur fais ressentir, avec le plus grand des plaisirs, le petit temple qui est juste à côté, en leur faisant prendre conscience qu'ils touchent l'histoire d'eux même et c'est un grand plaisir partagé. C'est un moment très important qui m'a remis un peu le pied à l'étrier suite au génocide tellement ce dernier m'avait atteint.

47a

Réflexion

Ensuite je me suis dit que ça ne collait pas : comment César peut-il exterminer les Grecs à Tauroeïs et les laisser soi-disant dans leurs lois à Massalia ?... Ok, il a dit qu'il prendrait Tauroeïs et Olbia, coupant ainsi en deux la ligne côtière des comptoirs grecs massaliotes. Mais les exterminer tous ? Et de cette manière ? Je me suis alors demandé si ce n'était pas un génocide programmé et que son écrit serait une sorte de voile historique. De cette période il n'y a pas un grand nombre de textes. On détruit tous les autres textes et on ne laisse que celui qu'on a écrit ou ceux qui sont concordants afin d'être sûr de laisser la trace que l'on veut dans l'histoire.

D'ailleurs un dictateur qui écrit lui-même le récit historique c'est rare… Et logiquement ça collerait avec la logique d'expansion de tout dictateur, comme nous l'avons connu avec le pangermanisme d'Hitler. D'abord on attaque les ennemis directs donc : la Gaule, d'où la guerre des Gaules.

Puis on s'attaque aux anciens alliés, les Grecs, on crée une raison de guerre de toutes pièces, scission avec Pompée et go a nous les territoires. À la bataille navale de Tauroentum, les navires de Nasidius partent avant la bataille pour décourager les Grecs, puis Brutus attaque tout droit, ce que j'avais vu à la fréquence résiduelle, oups je refais l'histoire désolé.

Si un jour on fouille à l'endroit que j'ai indiqué de la bataille navale de Tauroentum et qu'on trouve plus de cinq trirèmes comme je le pense, chiffre donné par César, alors on pourra dire scientifiquement que le récit de César était faux, en attendant je reste toujours au coin de la classe, vilain petit canard noir de l'histoire.

Marseille pourrait être une clé pour comprendre ce qui c'est réellement passé. Et je n'ai eu qu'à plonger dans ma mémoire : je n'ai jamais aimé le vieux port.

J'y voyais du noir partout. Je pense avoir compris maintenant pourquoi : ça a été le lieu de massacre des Grecs. Soit les Romains sont entrés dans la ville et les Grecs se sont rués sur le port pour essayer d'embarquer et de s'échapper, soit, et c'est ce que je pense aujourd'hui, les Grecs ont capitulé, César est entré dans la ville et s'est installé sur la colline actuelle de la Garde, qui en a gardé le nom, étant à la base la colline de la garde de César donc, pour bien entendre les cris des Grecs et regarder leur génocide. Je pense que les Romains ont proposé aux Grecs de partir sans les tuer.

Stratège fait pour les rassembler et récupérer toutes les richesses rapidement. Les Grecs en partant, emporteraient tous leurs biens les plus précieux dans leurs bagages, puis encerclement par les troupes et massacre sous les yeux de César sur sa butte.
Appelez-moi si vous voulez que je vous remonte le moral...
Ou alors les Romains ont fait un tri, en disant que ceux qui voulaient partir le pouvaient et en fait du coup cela leur a permis d'écarter ceux qui s'étaient ralliés à Pompeé. Ce qui me fait dire cela c'est qu'il n'existe que très peu de traces de ce qu'il s'est passé ensuite. César et Strabon indiquent qu'ils ont été laissés dans leurs lois, Strabon un vendu? Je retourne à mon coin. C'est très dur, j'ai essayé de trouver des traces qui pouvaient indiquer que les Grecs étaient restés en paix avec les Romains et je n'ai trouvé que cela. Sur la table de Peutinger[13] qui est une copie du 13e siècle de la carte théodosienne, une carte des voies romaines de l'Empire romain, Massalia est indiquée comme "mafilia graecorum" donc grecque. Au-dessus est inscrit Gretia. On dit la Théodosienne, car on a retrouvé des vers dessus, de Théodose le dernier empereur romain. Mais il a été conclu qu'il s'agissait d'une carte réunissant

---

[13] Table de Peutinger, wikipedia, voir bibio. Num.

des cartes de plusieurs époques, dont la plus ancienne datant de la fin du premier siècle.

Donc ceci me laisse seul pour l'instant avec mes fréquences résiduelles sur Massalia, mais revenons à Tauroeïs.

Sinon en ce qui concerne les massacres, s'il s'agit bel et bien d'un génocide des Grecs, c'est un changement de locataire comme on en a tant vu dans l'histoire de l'humanité, perdre sa place.

Mais il est évident que c'est le genre de détails que toutes civilisations cherchent à cacher si elles en ont été l'auteur. César l'évoque sournoisement dans son texte de la guerre civile.

2,6] (1) Le combat engagé, les Marseillais déployèrent la plus grande valeur. Le souvenir des exhortations qu'ils venaient d'entendre les animaient tellement au combat qu'à les voir on les eût crus persuadés qu'ils n'avaient plus que ce moment pour leur défense, **et que ceux qui périraient dans l'action ne précéderaient que de peu d'instants le reste de leurs concitoyens qui devaient subir le même sort, si la ville était prise.**

Sur une période de conquête, on a donc pratiquement qu'un seul texte : le sien ou des textes concordants. Personne ne trouve ça bizarre ? Ça m'évoque comme une bible d'une dictature qu'il ne faudrait en aucun cas contredire. Une volonté de contrôler l'histoire afin de cacher les côtés obscurs.

Je ne fais qu'ouvrir un débat, mais ça m'interroge, on connaît aujourd'hui les agissements des dictatures, on peut faire ainsi des parallèles.

Dans ce cas, on ne pourra évidemment certainement rien prouver, tout ceci appartient bel et bien au passé, mais un passé que l'on pourrait relire avec un œil différent si l'on se sert du savoir d'aujourd'hui.

Une fois que j'ai eu un peu absorbé la prise de Tauroeis, j'ai eu une très bonne idée je dirais. Comme les lieux de massacre, de morts, de combats laissaient des masses noires, je pris la décision de monter au fort de Six Fours pour regarder tout autour et visualiser les zones d' habitations et autres comme les bastions. Du coup en un seul coup d'œil, je les aurais toutes et avec certitude pour ma part. Donc j'ai pu visualiser la zone d'habitation de Toulon, la Seyne, Tamaris et tous les bastions, forts de vigie. Et donc j'ai pu confirmer le bastion du Coudon sans y être aller, plus tard je trouverais la route sécurisée qui y menait quasiment là où j'avais supposé qu'elle y était, soit dans le vallon du Revest. Idem pour les bastions du mont Faron et celui juste avant sur la zone du mémorial du débarquement, celui du mont Caume aussi (qui finalement était au bout de la route sécurisée de Châteauvallon, le col du cap Gros n'étant que sur son passage), tout était clair.

Dans l'optique de savoir si La Ciotat et Cassis avaient eu le même sort, je regardais en leur direction. Je ne vis que vers le col de Cassis et la fréquence était claire, il n'y avait plus rien de vivant depuis longtemps là-bas, sans voir pour La Ciotat qui était hors champ. Plus tard, en novembre, je passais vers La Ciotat sur l'autoroute pour confirmer qu'elle avait eu le même sort. (sera traité dans le volume 4) Mais les fréquences paraissaient plus récentes quoique je n'ai aucune certitude à ce sujet.
Logiquement on peut penser ainsi : si le but depuis le début était l'extermination, les Romains auraient fait une boucle. On sait qu'ils sont passés en longeant la mer dans un premier temps, soit ils sont passés d'abord par Monoikos (Monaco), Nikaïa et Antipolis, puis seraient entrés dans les terres pour arriver jusqu'à Massalia. À Tauroeïs en mai, de riches familles décident de partir, certainement à cause de la déclaration de guerre de César. La bataille navale de Massalia date du 27 juin (un mois pour monter sa flotte), je pense qu'on peut faire confiance à César sur les dates vu l'écho temporel de la bataille navale de Tauroentum du 31 juillet que j'ai pu voir. Donc le 27 juin ses troupes sont à Marseille, cela semble sûr. Quels sont les mouvements après ? Début de la prise de Tauroeïs, mi-août je pense, prise de la forteresse ville de Tauroeis le 2 septembre peut être, prise de Tauroeis côtière forts et vigies 15,16,17 septembre.

Or Antipolis aurait été laissée libre selon les textes et même autorisée à frapper sa propre monnaie… Du coup ma boucle génocidaire s'effondre.
Ensuite je suis quand même allé à Olbia pour voir le sort qu'elle avait subi. Je n'ai trouvé que le camp romain, avant ce que les archéologues désignent comme la ville d'Olbia et que je qualifie comme seulement une partie fortifiée de la ville, la ville étant beaucoup plus grande. À Olbia la population a pu partir il me semble, je n'ai pas à ce jour de fréquence de génocide. Or les troupes étaient stationnées à l'entrée et pas pour du tourisme. À la fréquence résiduelle, et première impression, Olbia devait être comme un lieu de pèlerinage où il y avait beaucoup de temples dédiés aux dieux (peut-être la pré-escale pour le grand sanctuaire de temple que j'ai trouvé à Sanary, le passage du cap Sicié pouvant avoir une dangerosité pour la navigation antique, les pèlerins pouvaient prendre la voie de terre à partir d'Olbia .) C'est ce qu'il m'a paru, mais la ville comme je le disais descend beaucoup plus bas dans le tombolo. Je n'ai trouvé qu'une route sécurisée sur la presqu'île de Giens qui semble foncer vers la zone militaire actuelle, donc interdite d'accès. Je ne suis allé que deux fois à Olbia. Des zones privées et la mer ont stoppé net mes recherches.
Quand j'y suis passé pour voir l'assaut, la date anniversaire, l'écho temporel n'avait pas eu lieu, pareil pour Brégançon (ancien comptoir grec, Pergantion)

donc inutile d'aller plus loin et quand j'y suis revenu plus tard, il n'y avait pas grand-chose non plus donc j'ai pensé qu'ils ont dû fuir et abandonner la ville. Peut-être que certains sont restés au bastion, considéré comme la ville actuellement, avec remparts, pour une bataille vaine sans espoir réel.

À ce sujet quand je suis passé à Toulon, évidemment j'ai été attentif aux fréquences résiduelles de la bataille qui c'était passée pendant la prise de Tauroeïs côtière, soit le " génocide day ". Le front principal s'est passé au début de la ville, du moins au début de ses fortifications, dans la longueur de l'avenue de la république, au niveau de la place Louis Blanc. Le combat a été épique. Ce n'est pas pour passer la pommade à Toulon, mais on peut parler de combat héroïque et courageux, résolution et tout ce que vous voulez. Ils se sont battus comme des lions et jusqu'au dernier et sachant qu'ils allaient tous mourir. Un acte de bravoure dans l'oubli de l'histoire comme il a dû y en avoir d'autres, la supériorité numérique des Romains étant clairement établie. Ils avaient pourtant vu les autres tomber.

À Tamaris, Balaguier, je n'ai pas eu le courage, par overdose, d'aller voir ce qu'ils avaient fait mais évidemment les Romains ont terrorisé la ville de Marceo Telon et le bastion du Mourillon, veillant à ce que beaucoup de cris et autres arrivèrent jusqu'à leurs oreilles.

Passez la ligne de front, chez les villageois, certains, vieux, inaptes au combat ou infirmes se sont suicidés pour éviter ce que les Romains auraient pu leur faire subir. C'est dire la peur qu'ils avaient fait régner dans la bataille.

Le bastion du Mourillon n'est jamais tombé.
Je ne l'ai pas encore cartographié mais son système défensif a dissuadé immédiatement les Romains de s'y frotter. Ils ont pris alors la décision de l'encercler et d'attendre. J'ignore l'issue, mais je pense qu'ils n'ont jamais ouvert leur porte et se sont laissé mourir plutôt que de se rendre. De toute manière, c'était certainement la mort la plus douce face à celle offerte par les Romains. J'ai espéré trouver une route sécurisée entre Marco telon et Olbia, mais je n'en ai trouvé qu'une à la sortie du Mourillon, que j'ai rapidement perdu malheureusement dans des zones privées. Elle s'écartait trop de la route actuelle.
Enfin je vous l'avoue, votre voyageur temporel est un grand flemmard des fréquences résiduelles de génocide et puis il faut pouvoir les encaisser... Je n'ai pas vraiment poussé le bouchon, les horreurs merci. Il faut se remettre avant de recommencer, re absorber de bonnes choses positives et harmonieuses pour pouvoir revenir ensuite vers du noir, afin d'avoir un bon équilibre interne continu.

Donc je n'ai pas résolu le problème actuellement. Il faudrait pour cela que j'attrape tous les échos temporels. Peut-être en commençant le 27 juin par Marseille et en le suivant doucement. En courant après les dates et les échos temporels de bataille et de génocide. Qui a envie de ça ? Vu le temps déjà que j'ai mis à me remettre de la prise de Tauroeïs, et je n'en suis toujours pas complètement remis d'ailleurs. En même temps les fréquences résiduelles s'amenuisent après la date anniversaire et ne reprendront leurs hausses d'intensité que l'année prochaine.

47b

L'entraînement / contre balancement

Quelques mois plus tard, j'ai rencontré une personne qui était intéressée par les méthodes de combat des soldats grecs, soit les hoplites. Je lui promettais d'aller voir à la zone d'entraînement du bastion nord si je ne pouvais pas attraper des informations. J'aurais pu le faire depuis le début, mais cela ne m'inspirait pas du tout surtout qu'il y avait une zone noire, donc une zone de mort. Il me regardait évidemment d'un air dubitatif quand je lui ai dit cela... Surtout que le test du champ électromagnétique avait été négatif sur lui, malheureusement, il ne ressentait rien. Donc je vous laisse imaginer ce qu'a dû être son impression quand je lui ai dit que j'allais essayer de voir une séance d'entraînement datant de 2300 ans... Bref j'arrive sur place je m'assois comme toujours, je me détends et je commence la séance. Je cherche des fréquences résiduelles à la sortie de la caserne comme point de départ et je me focalise dessus, et c'est parti les fréquences se déroulent.

Je passe tous les détails de l'entraînement, mais globalement c'est vraiment axé sur les coups fatals. On leur apprend des techniques de combat d'élimination rapide de l'adversaire : efficacité et rapidité sont au programme, notamment pousser l'adversaire avec le bouclier puis mettre un coup de lance par-dessus, chercher à sectionner les ligaments avec la lance si l'adversaire a légèrement les pieds en canards pour l'immobiliser puis le tuer. Il y avait une technique aussi qu'ils ont répétée plusieurs fois jusqu'à être sûr de l'avoir assimilée : ils tombent en arrière accroupis, cachés par le bouclier, faisant semblant d'avoir été vaincus et une fois que l'adversaire fonce sur eux, le soldat hoplite relève sa lance et l'opposant vient s'empaler dessus.

Ensuite, en final quasiment, il y a une séance de mise à mort sur un prisonnier. C'est-à-dire qu'un homme est tué juste pour l'utilité de l'entraînement... Il est allongé au sol et on leur montre les endroits où frapper pour une mort rapide, cou, cœur, etc, ou une mort non immédiate avec souffrance, le ventre, etc. C'est là que je me suis dit, moi qui avais vu les Grecs comme des victimes face aux Romains, qu'ils n'étaient pas blancs non plus. On était bel et bien dans des temps reculés et il serait peut-être plus sage de laisser l'Antiquité à l'Antiquité.

Sur la zone côtière, c'était pareil, il y avait un sanctuaire de temple qui sera dans mon deuxième livre, et pratiquement collée, une route sécurisée aux murs moins larges, pour amener les esclaves ou bagnards à leur zone de cantonnement au quartier les Playes. Soit une différence de sort considérable.

48

Olbia

Je me suis alors tourné vers Olbia à Hyères pour fuir un peu Tauroeïs et ces fréquences de vide total laissées par le génocide. Le site d'Olbia est visitable, ce sera prochainement certainement mes futures recherches, ainsi que les autres comptoirs grecs massaliotes. J'ai visité le site connu, que je considère donc comme une réutilisation romaine en zone commerciale sécurisée, sécurisation des denrées également, marchands, etc. J'ai plongé dans le port antique grec et romain d'Olbia à côté du site et j'ai vite compris de quoi il s'agissait à la première plongée avec la lecture de fréquence résiduelle. Arrivé au bout des blocs de pierre, il y a un rond. J'ai compris que c'était une tour, jusqu'ici tout va bien. Mais il y avait des fréquences de grue, appareil de levage, mais ce n'était pas une grue. C'était, je pense, la griffe d'Archimède, dont on a la trace de son existence dans les textes du siège de Syracuse. Citée comme l'une des armes créées par Archimède pour la défense de la ville, lieu de vie de ce dernier, elle était positionnée aux murs maritimes[14]. C'était pendant la deuxième guerre punique en 212 av J.-C où la République romaine avait mené un siège avec 60 navires, mené par Marcus Claudius Marcellus, général et homme politique, surnommé l'épée de Rome. À Olbia, autour de la tour il y a des blocs massifs, qui devaient être une structure pour que les navires tirés par la pince viennent s'y écraser ou pour aider à les renverser et derrière, il y a ces deux murs qu'on a pris pour des murs classiques et qui sont en fait peut-être les murs du système renfermant un vérin hydraulique pour actionner la griffe (voir plan p) (il faudra attendre 1850 pour la création du vérin hydraulique par William Armstrong, fondé sur le théorème de pascal, mais la poussée d'Archimède n'en serait-elle pas la première approche, de plus on attribue également à Archimède la création de la surprenante machine d'anticythère, alors pourquoi pas ?) Ce qui voudrait dire qu'à Olbia, si cela est vérifié, nous avons le seul exemplaire connu au monde de la griffe d'Archimède (du moins de cet exemplaire précis, car les descriptions diffèrent du modèle d'Olbia, à Syracuse, la pince passait au-dessus des remparts et était capable dans un premier temps de faire place nette sur le navire par un jet de pierre sur l'endroit où elle allait s'agripper.)

---

[14] Griffe d'Archimède, wikipedia , voir biblio. Num.

Ce qui impliquerait également que soit elle a été conçue sur les plans d'Archimède, soit qu' Archimède est venu lui-même superviser la construction. Évidemment il n'y a que moi qui le dis pour l'instant à ma connaissance. Mais c'est sous notre nez, il n'y a qu'à regarder la photo vue du ciel et sans les fréquences résiduelles je n'aurais jamais rien trouvé.

Mais je considère que le port grec était à gauche de la pince (ils accostaient sur le rivage, voir plan en fin de livre p265) et que le quai de l'édifice de la pince est devenu un môle romain dans sa réutilisation, mais il pouvait très bien déjà être utilisé comme un quai dans la période grecque.

Une partie de la ville étant dans l'eau et l'autre dans des zones privées, il faudra que j'attende des moyens et une reconnaissance pour pouvoir y travailler.

Pour les besoins de l'écriture du livre, j'ai dû refaire quelques relevés, dont celui du couloir du bastion sud. Archimède avait également créé de redoutables catapultes à Syracuse. Si un jour il est prouvé qu'il s'agissait bien de la griffe d'Archimède à Olbia, il n'y aura qu'un pas pour dire qu'il aurait peut-être créé les catapultes des pas de tirs de Sanary-sur-Mer, soit Tauroeïs, enfin du moins réalisées sur le même plan.

Car actuellement j'ai un problème sur le couloir de 40 mètres de la porte du bastion sud. En fait, vu la dernière lecture, c'est un sas qui s'ouvre et qui se referme pour laisser passer qu'une partie des troupes, les tuer, puis évacuer les corps et recommencer, et honnêtement je pense qu'il y a un système ingénieux, mécanique, comme un mur de lance qui s'abat sur les assaillants dans ce sas, qui n'a pu être conçu que par un cerveau supérieur, comme le piège écrasant récemment relevé également à la porte nord. Je me pose la question du coup…

Les Massaliotes se seraient-ils offert les services d'Archimède? j'ai envie de dire que oui. Je pense qu'il a fallu 20 ans approximativement pour créer la forteresse de Tauroeis des Embiez, les forts de vigies, les routes sécurisées, etc. Ce qui fait qu'Archimède aurait pu participer à sa création à ses 20 ans, ça fait un peu jeune, mais les dates pour la création de Tauroeïs sont approximatives, environ 300 av J.-C. ne donne qu'une indication évidemment. Enfin ça m'interroge. Pour Olbia je pense vraiment qu'il s'agit de sa griffe en tout cas. Vivement les caméras permettant de visualiser le r.d.p.e. qui peut-être, amèneront des éléments en ce sens.

49

Retour à Sanary

Puis doucement j'ai recommencé les relevés, et j'ai trouvé deux grands temples de 20 mètres par 50 dans le bastion de Portissol, que j'ai considéré comme un lot de consolation, moi qui restait frustré de ne pas avoir pu cartographier le grand temple de Tauroeïs du Cougoussa aux îles des Embiez, peut être là j'aurais plus de chance et c'est à trois cents mètres de chez moi. J'ai toujours su qu'il y avait quelque chose sur cette butte, mais je n'aurais jamais imaginé un temple, deux temples. Les fréquences étaient assez noires. Je craignais d'y trouver encore une tour fortin ou un édifice militaire qu'il aurait encore été difficile à faire avaler aux archéologues. Le temple supérieur a des fréquences un peu noires, car il était craint. Cela devait être aussi un lieu de commandement et de jugement peut-être ou de sacrifice.
Et puis avec la dernière tempête, la mer à remué des cailloux importants à une plage et à laissé apparaître

un mètre cinquante de mur où le champ électromagnétique est présent dessus.

C'est possiblement un bout de mur d'un pas de tir de catapulte que j'avais cartographié. Il y a un agglomérat de pierres et de ciment qui ne peut être Romain, puisque les Romains régnaient en maître après les Grecs et n'avaient aucune raison d'avoir des pas de tir de catapulte, s'il s'agit bien d'un pan de mur du pas de tir de catapulte.

Du ciment grec, j'y ai toujours cru. Et peut-être là sur la plage le début de la preuve scientifique de la source du champ électromagnétique résiduel et de la cartographie qui en découlera. L'histoire n'est pas finie.

Puis finalement j'y ai trouvé un sanctuaire de temple qui sera dans mon deuxième ouvrage " Tauroeis cité de Poséidon ", car il est trop important. Mais il sera un exemple de l'effacement romain. Il devait avoir aussi une fonction de pôle attractif pour les populations grecques, raison supplémentaire pour laquelle César l'a annexé pour détruire les Massaliotes.

Vu les lectures de fréquence de la prise de la forteresse ville de Tauroeïs et la possible présence des trois dirigeants les plus importants ainsi qu'un autre élément que je ne peux confier ici, je commence à croire que Tauroeïs accueillait aussi les politiciens de Massalia. Une forme de « si Massalia était attaquée, renversée, elle ne serait pas privée de sa tête commandante réfugiée à Tauroeïs. »

Ce qui me fait penser que Tauroeïs aurait très bien pu être en fait une commande directe du gouvernement de Massalia, financée également par les riches familles massaliotes.

50

Épilogue et projections

Si mon récit s'était basé uniquement sur des repères scientifiques, il n'y aurait eu que le bassin saisonnier de l'aqueduc grec de Tauroeïs et encore il n'a toujours pas été expertisé à ce jour. Je ne sais pas quelle version vous auriez préférée. Tauroeïs, au nombre de tessons d'amphores retrouvées sur le site du Brusc, est de 180 personnes donc environ... Et ses limites se situent uniquement sur le site du quartier de la citadelle. Certains s'aventurent à dire que les Grecs devaient être aussi sur les îles des Embiez, puisqu'on y a retrouvé des traces, mais elles sont rares. Aucune présence massive grecque n'a été trouvée à Sanary, le port de Portissol est reconnu comme étant Romain. Le fort du gros cerveau n'a jamais été grec ni romain, ni aucuns autres forts vigies que j'ai cité. Le grand temple de Tauroeïs, bien que cité dans les textes, n'a jamais été trouvé. Seulement quelques dizaines de mètres de l'aqueduc grec de Tauroeïs ont été mis au jour sur les un kilomètre et demi de tracé que j'ai trouvé.

Aucune trace du deuxième aqueduc ni du tronçon romain, qui menait aux thermes trouvés à la fréquence résiduelle. Aucune trace ni situation connue de la bataille navale de Tauroentum à ce jour ni position exacte de la bataille de Massalia. Seul reste le récit de César et quelques autres textes concordants, sur la bataille de Massalia et de Tauroentum, confortés pour l'issue de la bataille par Strabon qui lui aussi, déclare que les Grecs sont restés dans leurs lois et libres. Une petite histoire d'Artémidore d'Éphèse pour expliquer le nom de Tauroeïs, en aucun cas un nom choisi pour signifier la puissance, la force. Aucune tour fortin, aucun triple rempart, ni grande ceinture défensive, ni chaudrons d'huile bouillante, ni traces, ni récits… Aucun couloir ayant pour piège final les chaudrons et autres, aucun pas de tirs de catapultes, pas de muraille défensive de bord de mer, rien absolument rien. Aucune trace des légions romaines au Brusc, aucune trace de bataille trouvée à ce jour, soit 2074 ans plus tard. D'ailleurs c'est aussi pour ça que la législation actuelle est devenue aussi dure pour les trouvailles. Si vous trouvez un objet archéologique et que vous le gardez pour le vendre où autre, vous tuez l'histoire et vous pouvez par exemple, enterrer une histoire comme la mienne à jamais.

La législation est simple, ne rien toucher et signaler en mairie par exemple, ainsi des archéologues viendront et des informations pourront s'ajouter à l'histoire. Le véritable trésor des trouvailles archéologiques c'est le savoir. Une pièce, aussi belle ou rare soit-elle, sortie de son contexte, déplacé, perd tout sens historique. La datation est le repère temporel qui permet la construction de conclusions sérieuses sur le passé.

Bon pour l'écho temporel de César venant rendre compte de la bataille, on va attendre longtemps donc pour la reconnaissance c'est sûr, voire jamais (en attendant un chercheur, un génie en physique quantique qui rendra visible les échos temporels, mais ce n'est pas pour tout de suite).

Par contre, l'étude de la cartographie de Tauroeïs et de la grande muraille défensive montrera les faiblesses que les Romains ont exploitées et valideront potentiellement une partie de mon récit. Vous verrez qu'ils feront certainement un film sur la prise de la forteresse ville de Tauroeïs, car elle le mérite amplement. Bon il n'y aura pas l'épisode du radeau, je pense, y a des chances. Mais cette bataille est épique, oubliée des temps anciens, je vous l'apporte sur un plateau. Les autres assauts des comptoirs grecs, s'ils ont eu lieu, ont dû être plus simples. Aucun d'entre eux n'avait le système défensif de Tauroeïs. Ce sont deux titans créés par le budget militaire qui s'entrechoquent : Tauroeïs créé par les fonds des riches familles massaliotes et certainement pour moi donc une commande du gouvernement de Massalia, richesses entassées grâce au commerce maritime, et les légions romaines payées par les impôts relevés à Rome et dans toutes les provinces romaines.

J'ai pu toucher un tesson d'amphore romain, je n'y ai senti que la dictature. Je ne dirais pas que ça m'a donné l'impression de toucher le masque de Dark Vador, mais presque. Les fréquences sont de l'ordre de l'ordre et de l'ordre, tout est serré, planifié, structuré, très peu d'espace de liberté, seulement chez des dirigeants ou les privilégiés et les autres triment et se taisent, et ils n'ont pas intérêt à dévier. Je n'arrive pas à la toucher très longtemps d'ailleurs tellement les fréquences sont nauséabondes. Honnêtement de passer des fréquences des Grecs aux fréquences des Romains, cela n'a pas été très plaisant. Une fois le génocide passé, les colons romains c'est un peu nous, la masse populaire. D'ailleurs cela se voit aux structures qui ont suivi.

Il n'y a plus de fortifications en dehors du militaire, il n'y en a plus besoin, j'ai trouvé juste un site commercial sécurisé à Tauroeïs. Des petites murailles au taux vibratoire résiduel frelaté, soit réutilisation des pierres pour sécuriser des commerces comme je le pense qu'il en a été trouvé un à Olbia donc et qui est considéré aujourd'hui comme la ville antique.

D'ailleurs je pense que c'est une constante du réaménagement romain suite à la conquête : ne garder qu'une petite partie des fortifications pour sécuriser les denrées, commerces, marchands, entrepôts.
Quant à la délimitation de Massalia telle qu'elle a été faite aujourd'hui, je ne comprends pas vraiment. Vous me direz, tout ce que j'apporte comme données n'est pas hyper scientifique pour l'instant, restant à prouver.
Mais alors, définir Massalia que d'un côté du port, car de l'autre on n'a rien trouvé… Et donc les Grecs auraient laissé l'autre côté du port pour les assaillants ? Mais qui peut croire ça ? Quel esprit illogique créerait une cité en laissant une faille défensive qui la conduirait directement à sa perte ? C'est vraiment considérer les Grecs et l'humain comme des débiles. Si c'est le rempart qui a été trouvé qui porte à cette conclusion, ne serait-ce pas encore un bastion grec laissé par les Romains? Évidemment que pour moi l'autre côté du port était aussi Grec. Massalia était citée comme une grande ville. Vous avez vu la taille de Tauroeïs que j'ai mise au jour non scientifiquement pour l'instant encore je vous l'accorde, par rapport au quartier de la citadelle où elle est délimitée aujourd'hui. 1 km carré contre 120 km carré environ si on considère toutes les fortifications intégrées à la chôra soit de Bandol au Coudon.

J'ai fait un relevé rapide à Marseille. Le taux vibratoire ou champ électromagnétique y est le plus fort, évidemment c'est la plus vieille, -600 ans av J.-C. Le taux est plein à Marseille, partout, tellement que j'ai cru au début que les pierres de Tauroeïs venaient des carrières de Marseille. Comme si les propriétés des pierres avaient créé un champ électromagnétique venant d'un phénomène naturel, géologique. Comme une pierre spéciale ayant une propriété particulière, à taux vibratoire élevé, comme la Moldavite par exemple, pierre issue de l'impact d'une météorite.

Donc le taux s'arrête à la place de la cathédrale la Major côté ouest. Or on sait que la ville allait plus loin. Sinon le taux commence un peu avant le tunnel du Prado et logiquement il se pourrait, je dois aller vérifier, que l'avenue du Prado soit les anciennes limites de la ville. Ce qui nous fait effectivement une grande ville. J'aimerais pouvoir travailler sur Marseille, délimiter véritablement la ville, trouver la particularité du système défensif comme toutes les autres villes massaliotes, mais il y a trop d'ondes électromagnétiques contemporaines. Dans une grande ville, je n'arrive pas à me mettre dans un état d'hypersensibilité plus de dix minutes. Et malheureusement le champ électromagnétique résiduel s'amenuise s'il y a beaucoup de passage dessus, sans disparaître complètement heureusement.

Mais le but principal de ce livre est de pousser à la recherche pour qu'on trouve la résolution scientifique de ce champ électromagnétique résiduel, qu'on fasse une caméra permettant de le visualiser, et que l'on commence, via drone ou autres à cartographier scientifiquement les citées Massaliotes et autres qui répondront à ce phénomène.
Massalia,Tauroeis, Olbia, Antipolis, Nikaia et les autres cités nous seront alors révélées.

La bouteille à la mer est jetée.

Fin

du premier volume de mes recherches sur Tauroeïs

...le seul élément qui ait été validé comme plausible par les archéologues que j'ai rencontrés est issu d'un écho temporel, soit la position de la bataille navale de Tauroentum...

À venir :

Dans mon prochain ouvrage " Tauroeïs, cité de Poséidon " j'aborderais tout mon travail sur le sanctuaire de temples que j'ai trouvé sur la zone côtière de Tauroeïs et qui m'amènera à la conclusion que Tauroeïs était donc la cité de Poséidon et que son grand temple n'est pas celui des îles des Embiez trouvé au début de mon aventure, mais qu'il fait bel et bien partie du grand sanctuaire. Également j'aborderais le petit sanctuaire de temples fraîchement trouvé aux Embiez ainsi que les autres temples trouvés dans les communes environnantes.

Pour suivre partiellement l'évolution de mes recherches et le statut de l'élucidation du champ électromagnétique résiduel, je vous donne rendez-vous sur la page Facebook " Tauroeïs et non Tauroentum " où des vidéos explicatives et de situations vous attendent également.

Index

Préambule…………………………………………..	09
1 Les prémices……………………………………..	11
2 Un peu d'histoire pour planter le décor……….	15
3 Premiers pas dans l'aventure………………….	21
4 Première cartographie…………………………..	25
5 Le petit temple……………………………………	27
6 Le grand saut dans le vide hors du plan de Duprat	31
7 Le triple rempart…………………………………	37
8 Les ceinturons……………………………………	41
9 La porte sud……………………………………..	43
10 La tour fortin, verrue du paysage……………..	47
11 La bataille navale de Tauroentum / premier pas	51
12 Le ceinturon de la place du Mail………………	57
13 Recherche de la hauteur des remparts……….	63
14 La continuité dans la mer du triple rempart…..	65
15 Le bastion nord et sud………………………….	69
16 Premier saut sur l'île des Embiez………………	73
17 Le grand temple de Tauroeïs…………………..	77
18 Le triple rempart du grand Gaou………………	81
19 Le port de Tauroeïs…………………………….	87
20 Le triple rempart sur l'île des Embiez………….	93
21 Le 40 m………………………………………….	97
22 Le bras de jonction port / grande ceinture défensive les nouveaux ceinturons……………………………	101
23 L'élucidation du bastion nord comme étant le plan à Duprat………………………………………………	107
24 Le 80 m………………………………………….	111
25 L'aqueduc grec de Tauroeïs……………………	113
26 Antipolis et Nikaïa à la rescousse………………	119

27 Première tentative de mesure du taux........... 125
28 Première possible élucidation du taux........... 129
29 Les débuts des relevés à Sanary / le pas de tir de catapulte de la jetée du phare......................... 133
30 Le bastion de Portissol............................... 137
31 L'énigme de la nature du 2e champ électromagnétique... 141
32 La fausse voie du ciment grec / élucidation de la nature du 2e champ électromagnétique............. 145
33 La fortification de la baie de Sanary................ 149
34 1er trouvaille de route sécurisée.................... 153
35 Trouvaille du premier fort de vigie dans les collines.. 155
36 La route sécurisée de Chateauvallon.............. 159
37 Route sécurisée de La Seyne-sur-mer/Balaguier 163
38 L'acropole du fort de Six-Fours...................... 165
39 La route sécurisée vers Six-Fours, Saint Mandrier 167
40 Fortification jusqu'à Cytharista soit La Ciotat... 169
41 Deuxième pas de tir de catapulte................... 173
42 Sortie de route de l'entendement commun, première étape du siège de Tauroeïs................. 175
43 Pris de conscience de l'écho temporel............ 183
44 Le siège de Tauroeïs étape 2........................ 191
45 César venu rendre compte de la bataille.......... 199
46 Prise des forts vigies de Tauroeïs................... 203
47a Réflexion... 213
47b L'entraînement /contre balancement............. 223
48 Olbia.. 227
49 Retour à Sanary... 231
50 Épilogue et projections................................ 235
Plans issus de mes recherches.......................... 247

PLANS

Le Brusc
Grande muraille défensive est..........................250,251
Plan de Duprat et adaptation............................252,253
Bastion nord de la grande muraille défensive est........254
Porte nord de la grande muraille défensive est..........255
Tour fortin, vue en coupe d'un ceinturon défensif.......256
Porte sud de la grande muraille défensive est...........257

Les Embiez
Forteresse de Tauroeïs / estimation niveau de la mer 258

Chôra de Tauroeïs
Tauroeïs global..259

Sanary sur mer
Départ des routes sécurisées vers les forts de vigies..260
Pas de tir de catapulte de la jetée du phare..............261

Antibes et Nice
Antipolis (première approche)............................262
Nikaïa (première approche)...............................263

Hyères (Olbia)
Griffe d'Archimède...264
Port grec d'Olbia...265

Temples
Temple d'Héraclès du bastion nord...................... 266
Temple péristyle de la pointe du Cougoussa.............267
Temple de Céto...261

Bibliographie numérique....................................269

PLANS ISSUS DE MES RECHERCHES

Les plans qui suivent ont été réalisés sur la base de mes relevés pédestres. Il est certain, et je n'attends que ça, qu'une fois que le résiduel de piézoélectricité sera élucidé et qu'une caméra ou qu'un capteur permettra une cartographie précise, mes relevés laisseront apparaître des erreurs. Il y en a que j'ai mis volontairement pour faciliter la compréhension, par exemple les ceinturons ne sont pas tous longilignes, celui du Mail selon les derniers relevés est coudé, mais comme la plupart d'entre eux sont en zones privées, je n'ai aucune possibilité d'être précis sur les autres à ce sujet. Je travaille avec de l'invisible, ce n'est pas commun, peut-être même dans le futur se demanderont-ils comment j'ai fait. Il faut considérer mes plans plus comme une approche globale pour la compréhension générale du système défensif, qu'une cartographie parfaite et exacte. Par endroit comme pour la porte sud, il reste des points que je n'ai pas élucidés à cause des zones privées.
Ensuite pour le pourtour de l'île des Embiez, il est évident qu'il y a par endroit des édifices supplémentaires de fortifications, fortins et peut être ceinturons, que j'ai également ignorés, déjà du fait que je n'ai fait que survoler l'île, et que cela faisait déjà beaucoup de pierres à faire accepter, mais nous savons tous qu'à ce niveau de lecture du livre, nous

sommes bien loin de tout ça. Mais une caméra r.d.p.e montrera la totalité des édifices. Ma cartographie n'est pas fausse, mais elle n'est pas parfaite. Prenez en compte, mais globalement je me rapproche, je pense, sur beaucoup d'éléments, du résultat final. Il est évident qu'avec la cartographie finale des futures caméras, r.d.p.e ou capteurs, beaucoup plus de conclusions pourront être élaborées et le vrai travail pourra commencer, je ne fais qu'ouvrir la première brèche, la première perspective.

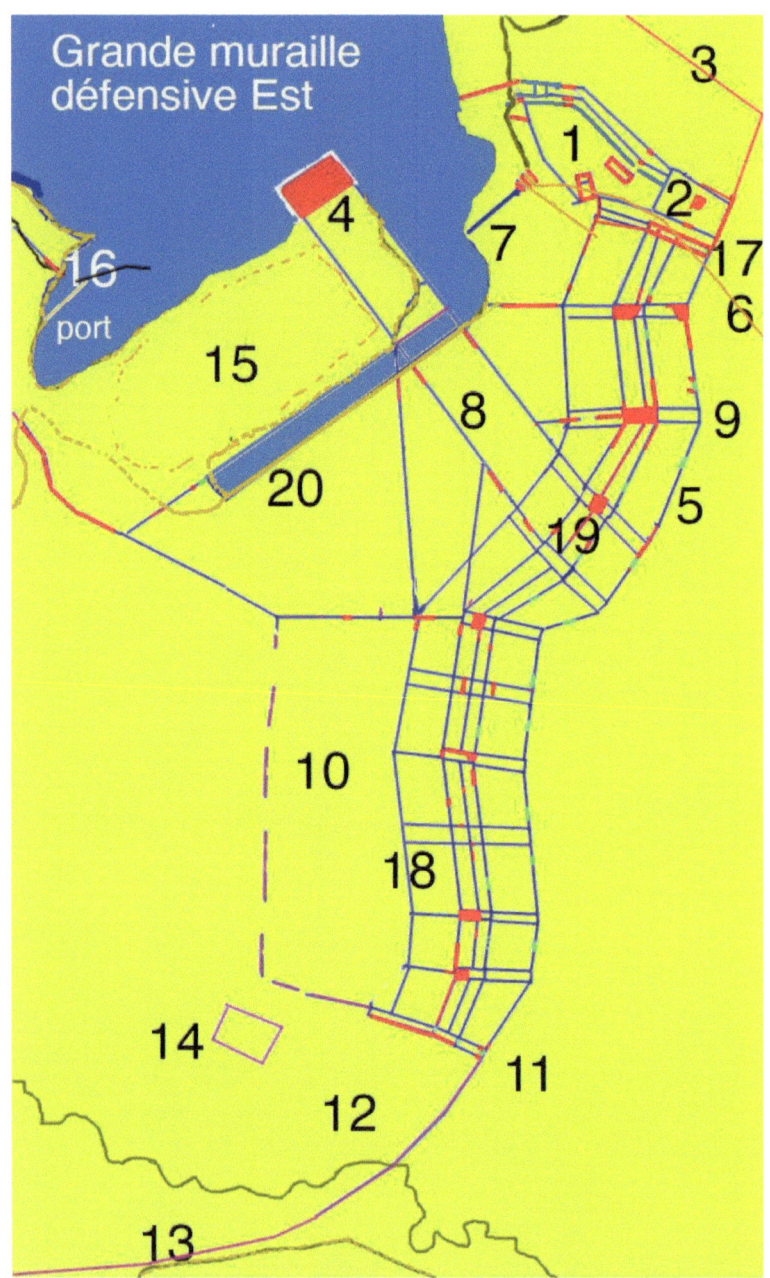

Le Brusc
Grande muraille/ceinture défensive est

1 bastion nord
2 tour fortin
3 le 80m
4 édifice de défense du port
5 le 40m
6 aqueduc grec de Tauroeïs
7 bassin de remplissage des amphores / réapprovisionnement en eau des navires
8 mur rempart sud du bras de jonction muraille / plateforme de défense du port
9 ceinturon place du Mail
10 petit dédale pour les mercenaires / intrusion nocturne/assaut
11 porte sud de la grande muraille défensive
12 emplacement du bastion sud
13 passerelle de jonction muraille / forteresse
14 caserne du bastion sud
15 marécage laissé volontairement
16 port de commerce et militaire
17 entrée nord de la grande muraille défensive
18 le 30 mètres qui ferme la grande muraille
19 ensemble des trois remparts
20 mouillage sécurisé des navires

Siège de Tauroeïs

Les légions romaines ont attaqué sur 2 fronts, porte nord et sud, soit devant 11 et 17 et le carré défensif devant le 6 pour la muraille qui prend le souffle. Le camp principal des légions romaines était situé à 100m au nord environ du 3. Les troupes de césar encerclaient totalement l'édifice. Les tribuns angusticlaves étaient en face du 9. Les tentes pour soigner les blessés étaient sur le parking Saurin actuel.

Le Brusc
Plan de Duprat de la citadelle de Tauroeïs (1934)

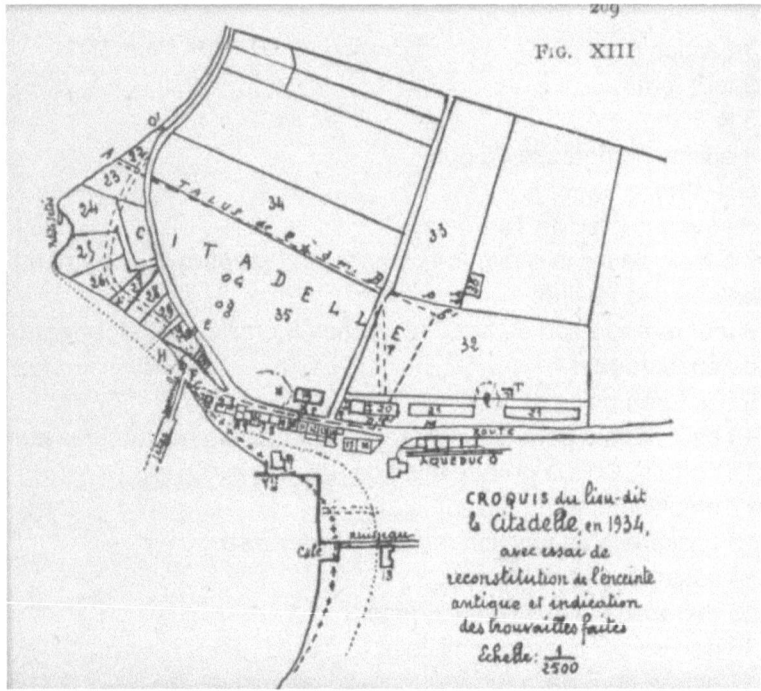

Voici le plan de la citadelle de Duprat. La délimitation de l'enceinte grecque est représentée par les pointillés.

En fait ce qui a été salvateur pour mes recherches c'est le plan cadastral sur lequel il c'est basé, qui reprends les limites de l'ancien bastion nord de la grande ceinture défensive est. Ce plan m'a aidé à accepter donc le 80m et les conséquences que cela a eues sur la suite. Également dans mes premiers plans, pour ne pas écorcher l'entendement commun et donner le plus de chance à mon entreprise, je dessinais la tour fortin parfaitement rectangulaire. Or cette dernière prend exactement l'inclinaison du plan. À Sanary également, j'ai un temple dont il ne reste comme trace, qu'un tracé qui semble une anomalie cadastrale et qui n'est qu'en fait que l'un des angles du temple.

Intégration de mes relevés sur le plan à Duprat

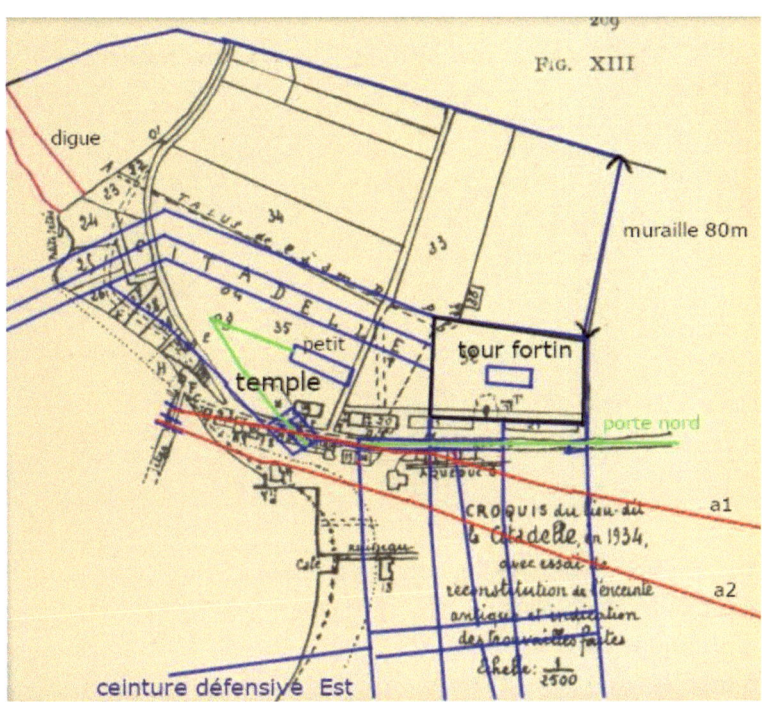

J'ai également trouvé plusieurs petites murailles et non remparts, entre la tour fortin et le 80m que j'ai jugé bon de ne pas noter pour l'instant. Mais il est évident qu'elles devaient empêcher toute possible attaque venant du front nord. Les Romains ne s'y sont jamais risqués.
Le plan est issu de l'ouvrage « Tauroentum » de Duprat 1935
(Six Fours, le Brusc) p 209 / institut historique de Provence

Le Brusc
plan du Bastion nord de la ceinture défensive est

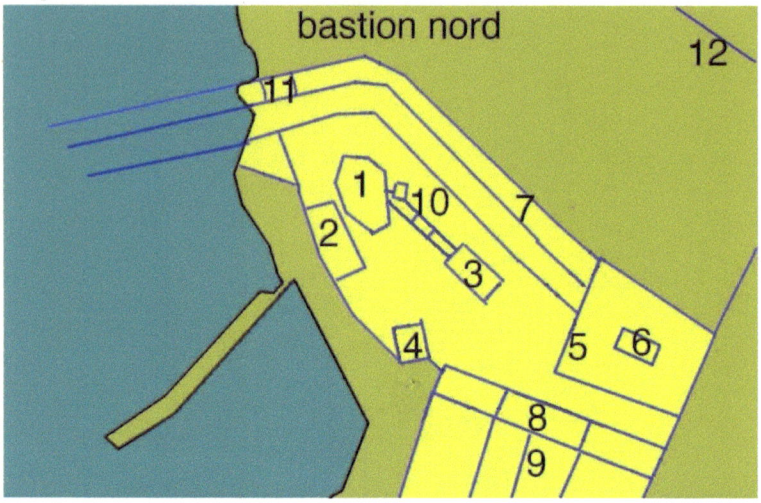

1 aire d'entraînement des hoplites **2** caserne
3 petit temple in antis
4 porte-sas du bastion sud
5 tour fortin
6 pilier central de la tour
7 triples remparts , le plus au nord des trois remparts était encore visible en 1885
c'est exactement sous le chiffre 7 du plan que devait se trouver la structure permettant de monter sur la tour fortin (vu à la fréquence résiduelle du passage de vous savez qui, on verra si l'élucidation du taux me donnera raison, zone privée non accessible)
8 couloir de la porte d'entrée nord, les chaudrons sont à gauche du 8 et de l'autre côté
9 triple rempart
10 contrôle d'accès au temple
11 tour **12** premier rempart à 80 mètres

porte nord de la ceinture défensive est

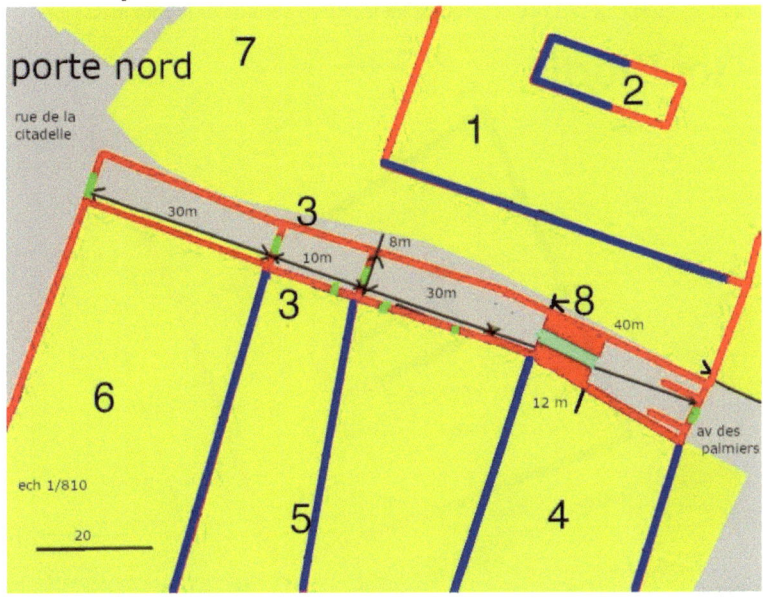

1 tour fortin
2 pilier central
3 emplacement des chaudrons d'huiles bouillantes
4 carré défensif des premiers 40m
5 triple rempart
6 dernier bloc défensif 30 mètres
7 bastion nord
8 Petite surprise d'un relevé récent que j'ai fait pour le livre, car il me manquait une donnée, il apparaît qu'il y a à cet endroit un édifice défensif de 12 m de long que j'avais voulu ignorer au tout début vous savez pourquoi et oublié du coup. Cela devait être sans certitude un couloir de 12 mètres de long avec un système de plafond qui venait s'écraser sur l'assaillant…totale exclusivité puisque je ne l'ai jamais signalée dans mes rapports précédents. La relecture de la porte nord m'a également donné de nouvelles informations.

Tour fortin du bastion nord
(soit le lieu le plus sécurisé et garantissant le plus de sécurité de la côte massaliote)

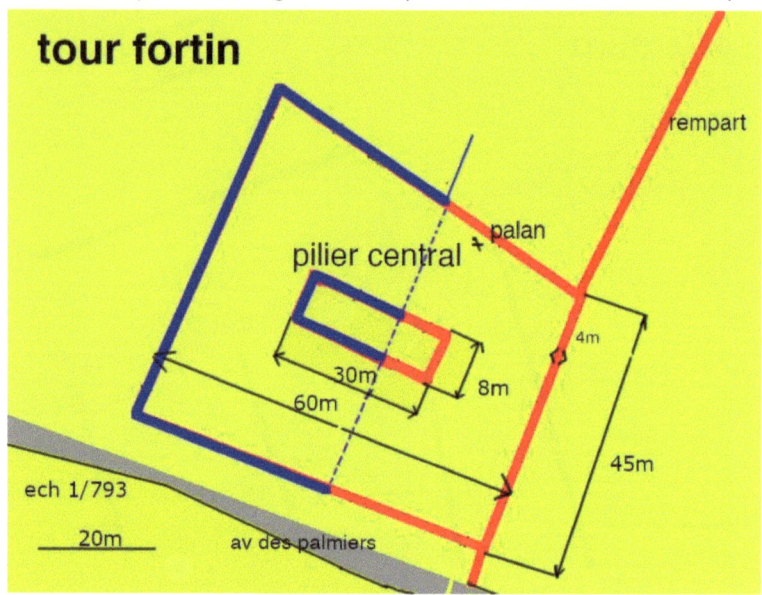

Ceinturon défensif

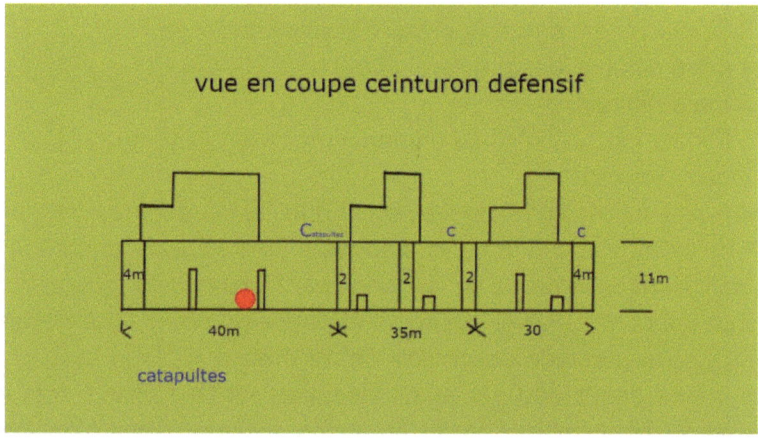

le point détermine la muraille que les légions romaines n'ont jamais dépassée sur le 1er carré défensif collé à la porte nord

porte sud de la ceinture défensive est

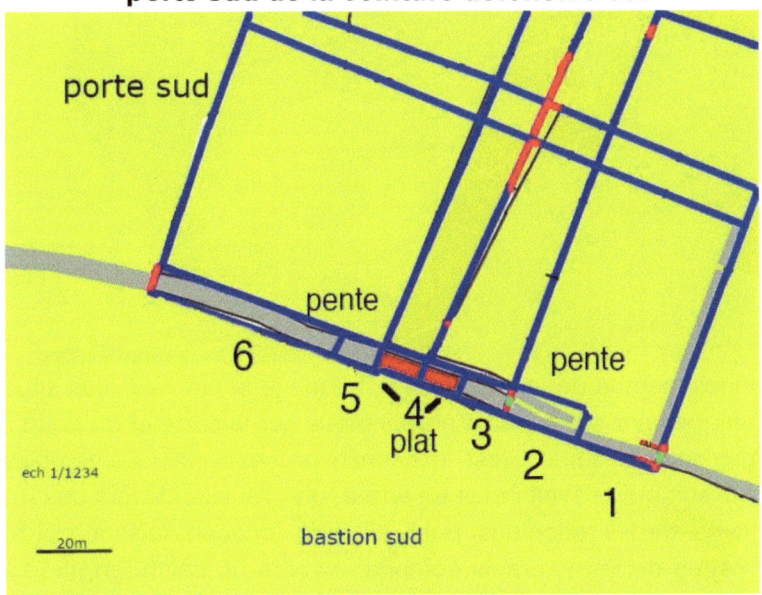

1 1re porte d'enceinte / rempart 4m de large (ouverte) **2** 2e porte d'enceinte **3** 3e porte, début triple rempart **4** sas de massacre / lances et chaudrons / peut être d'autres pièges défensifs avec mécanisme comme mur de lance **5** sas d'évacuation des morts **6** sas de tri récupération des lances. La relecture que j'ai faite pour le livre a été plus riche que la première fois il y a un an et demi. Peut-être que je n'étais pas prêt à voir tout cela. En fait pour aider l'assaillant à s'engouffrer dans le sas de la mort, qui n'est plus qu'un couloir, mais également un sas puisqu'en fait la porte 4 se referme sur les assaillants de façon à ce que ceux qui ne sont pas encore entrés dans le sas ne voient pas ce qu'il arrive à leurs prédécesseurs. Entre 1 et 4 il y a une légère pente pour aider à la fougue combative aveuglée de l'attaquant, puis le sas de massacre est à plat. Je pense aujourd'hui qu'il y avait également un mécanisme de lances fixes qui sortent du mur. Ensuite il y a le sas d'évacuation : la porte 5 s'ouvre, des hommes avec des chevaux traînant des sortes de planchers/brancards prennent les morts, et les entassent pour les sortir rapidement afin que le sas soit prêt à resservir. En 6 le tri est fait , les lances sont récupérées et remise aux mains des hoplites pour a nouveau servir dans le sas de la mort.

Bras de terre fortifié des Embiez / la forteresse

Finalement le dédale est plus petit que je le pensais, il se situe uniquement sur la partie nord indiqué sur la carte et du coup il devient plausible. C'est le chemin processionnel de temples qui suit qui m'avait induit en erreur, que j'ai élucidé lors des relevés tardifs effectués pour ce livre, chacun faisant douze mètres de large, crépis compris, comme un ceinturon, j'avais malheureusement fait un faux rapprochement, alors inexpérimenté du sanctuaire de temples démesuré de Sanary.
(voir page facebook Tauroeïs et non Tauroentum et dans mon prochain livre)

Estimation niveau de la mer 300 av J.-C. / passage de la passerelle

Chôra de Tauroeïs

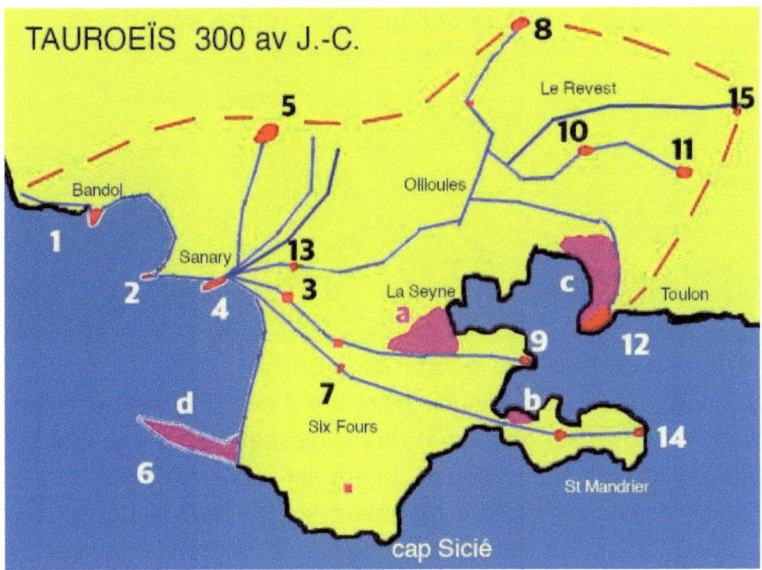

1 bras de terre fortifié de Bendor **2** fortin de la Cride au bout de la route sécurisée qui la longe **3** zone de parquage des esclaves **4** bastion militaire de Sanary Portissol / ensemble de départ des routes sécurisées **5** fort vigie du gros cerveau
6 forteresse ville de Tauroeïs ,ou ville fortifiée refuge des élites massaliotes je pense qu'il y a également des habitations entre 4,2,1 en plus du sanctuaire de temple qui sera traité dans mon prochain livre **7** porte checkpoint frontière du domaine grec / autochtone, le point rouge au-dessus est le fort de Six Fours, étant une zone militaire je n'est pas accès pour la cartographie d'un fort antique **8** fort vigie du mont Caume **9** fort de Balaguier **10** fort vigie actuellement mémorial du débarquement
11 fort vigie du mont Faron **12** bastion du Mourillon **13** fort de Six Fours **14** fort bastion de St Mandrier **15** fort vigie du Coudon / **a** ville antique de La Seyne **b** ville antique de Tamaris **c** Marceo Telon (Toulon) **d** forteresse de Tauroeïs

La chôra intègre les communes de plus de 8 villes actuelles.

Sanary grec antique
bastion militaire et départ des routes sécurisées

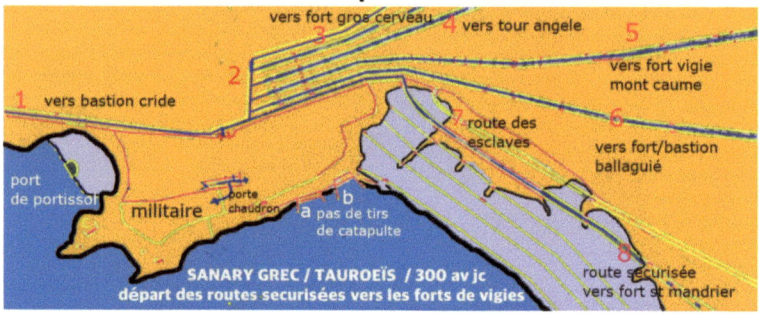

1 route sécurisée vers le fortin de la Cride
2 départ des routes sécurisées, entre 2 et 3. Ceci est une projection, les zones privées et des faiblesses du champ électromagnétique m'ont empêché de réaliser un relevé complet. Aujourd'hui encore j'ignore comment s'organisait le départ des routes sécurisées ainsi que la jonction au sanctuaire et bastion militaire de Portissol.
3 route sécurisée vers fort du Gros Cerveau
4 route sécurisée vers la tour Angèle. en fait il y en a deux qui passent par le quartier Pierredon puis Lançon et qui foncent vers le Gros Cerveau. C'est la zone entre ces deux routes sécurisées que je soupçonne d'être une deuxième zone de parquage des esclaves
5 vers fort vigie du mont Caume
6 vers fort vigie Balaguier
7 route sécurisée vers zone d'habitation / parquage des esclaves des playes
8 route sécurisée vers fort St Mandrier
a,b,c sont les trois pas de tirs de catapulte que j'ai trouvé actuellement, il y en a d'autres je pense, nécessité d'un bateau pour effectuer les relevés .
l'ensemble est un premier plan pour permettre une compréhension globale.

Sanary
Pas de tirs de catapulte de la jetée du phare

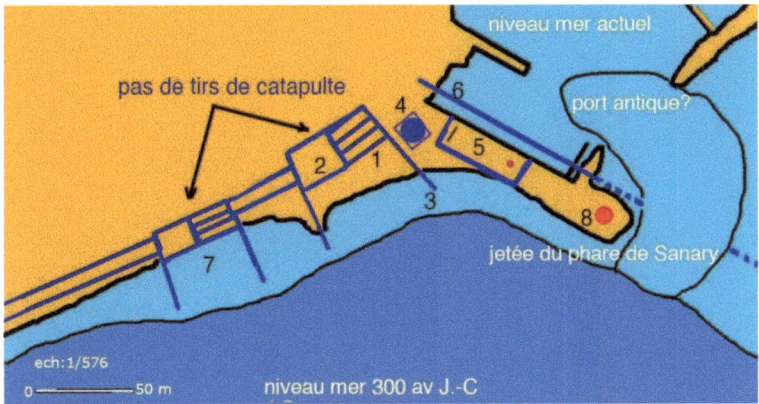

1 terrasse en escalier des différents niveaux du pas de tir des catapultes
2 aire de stockage et préparation des projectiles de catapulte
3 mur de protection et de rabattement de tir raté / anti-éclat
4 petit tholos 10x10
5 temple 10x30 dédié à Céto, divinité marine,"maîtresse des monstres marins"
6 muraille / rempart défensif , c'est le premier de la barrière défensive de la baie
7 deuxième pas de tirs.
La position de ces deux pas de tirs ne peut avoir de raison que de protéger un port que je n'ai pas pu localiser encore avec précision, mais j'ai trouvé deux édifices qui semblent être des entrepôts devant la capitainerie actuelle, donc le port ne devait pas être loin. Logiquement il devrait se situer vers l'entrée du port actuel.

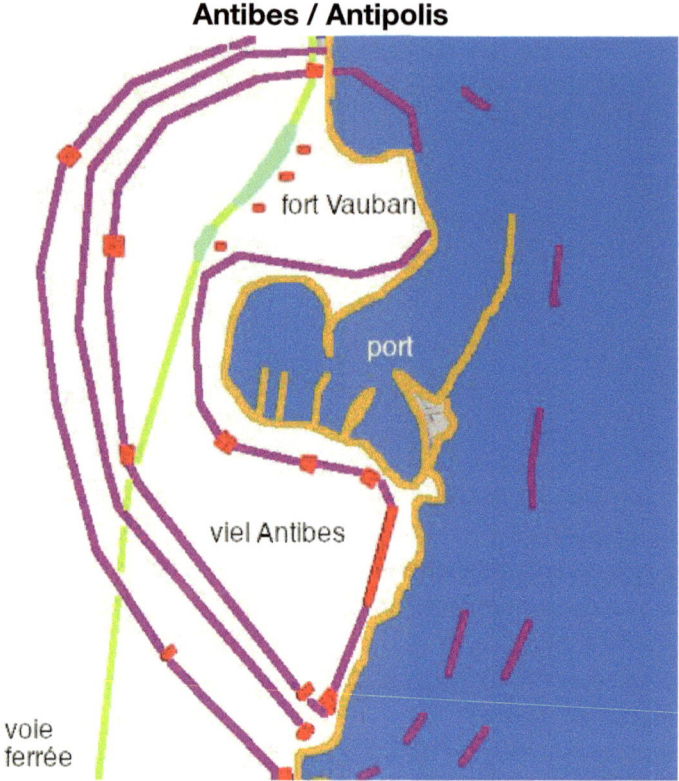

Ce plan est une première approche faite pour délimiter des zones de relevés. Les traits grossis, ou carrés, sont les relevés réels, les autres ne sont que des projections. Mais il y a plusieurs murailles qui plongent dans la mer à la Salis dont il semble subsister des restes en pleine mer qui sont visibles sur les photos satellites. (lignes) voir page Facebook " Tauroeïs et non Tauroentum" post du 31 mai 2024.

Nice

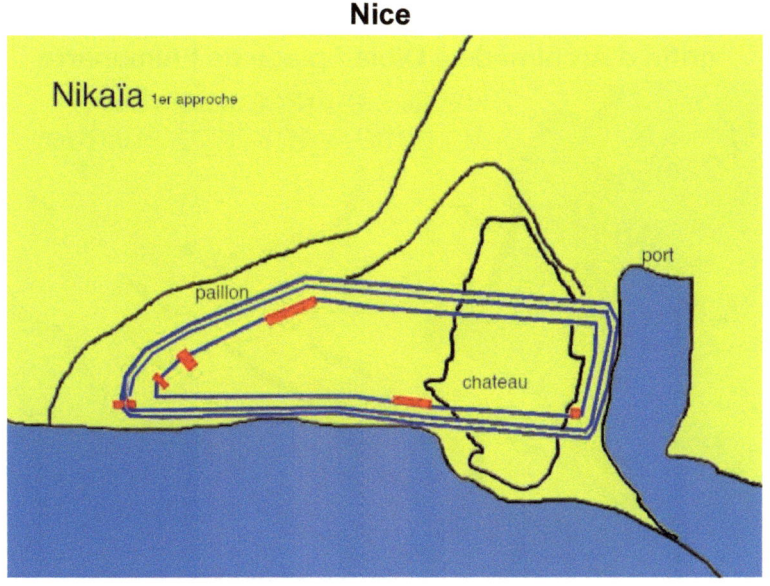

également 6 relevés fait rapidement (en rouge) et des projections pour de futurs relevés.

Hyères
griffe d'Archimède à Olbia / plage de l'Almanarre

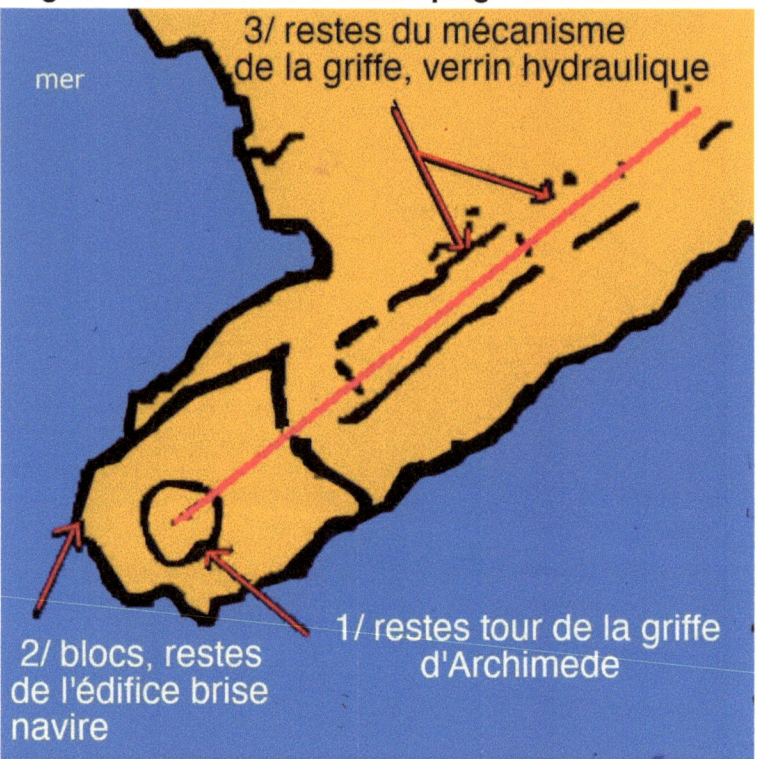

N'ayant pas eu d'autorisation de diffusion, où du moins de réponse à ce jour, je vous invite a visionner les mises en situations de la griffe d'Archimède sur la page Facebook « Tauroeïs et non Tauroentum » post du 30 mai 2024.

Il y a aussi la possibilité d'un mécanisme aidant la remise à l'eau des navires, auquel cas il y avait des structures pouvant l'étayer comme des pieux à distance respective plantés en mer. Vu l'importance de certains navires, pourquoi pas un système de navettes, des navires plus légers prévus uniquement pour le débarquement des hommes et des marchandises.

Hyères / Olbia / plage de l'Almanare

En fait la griffe a été considérée comme étant un môle romain[15] mais je pense qu'en sa première période grecque, le port était à côté et s'utilisait comme une bande de semi échouage. J'ai d'autres sites qui sont susceptibles d'être également des ports de semi échouage.

---

[15] Les ports antique d'Olbia et Toulon, (article) Michel pasqualini

Final : retour à Tauroeïs
le Brusc
Temple du bastion nord

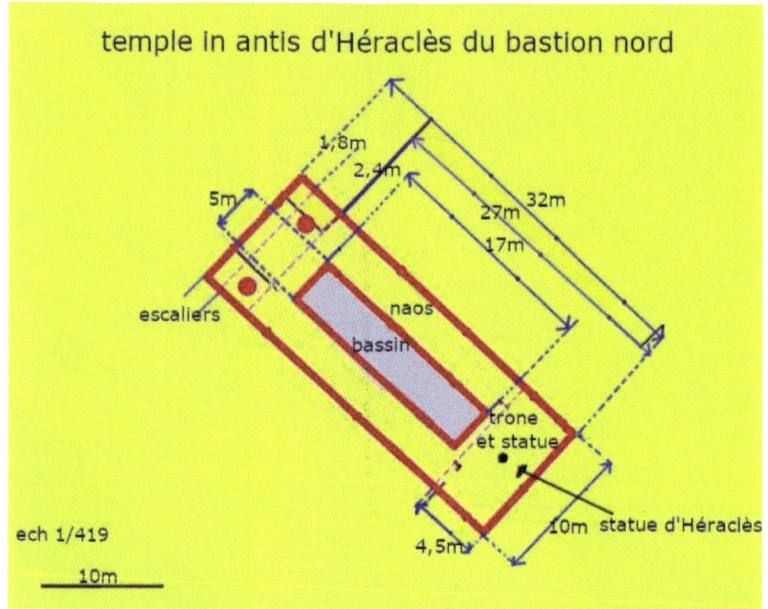

Fort de mes techniques récemment trouvées pour élucider les divinités auxquelles les temples étaient dédiés sur le sanctuaire de Sanary, je suis retourné au bastion nord pour découvrir qu'il s'agissait d'un temple dédié à Héraclès représenté avec la peau du lion Némée sur les épaules.

Ce qui rend logique du coup, que les soldats saluaient vers le temple avant et après l'entraînement, certainement pour demander force et vigueur au combat. Le trône devait être possiblement occupé par le chef du bastion nord et de la porte nord.

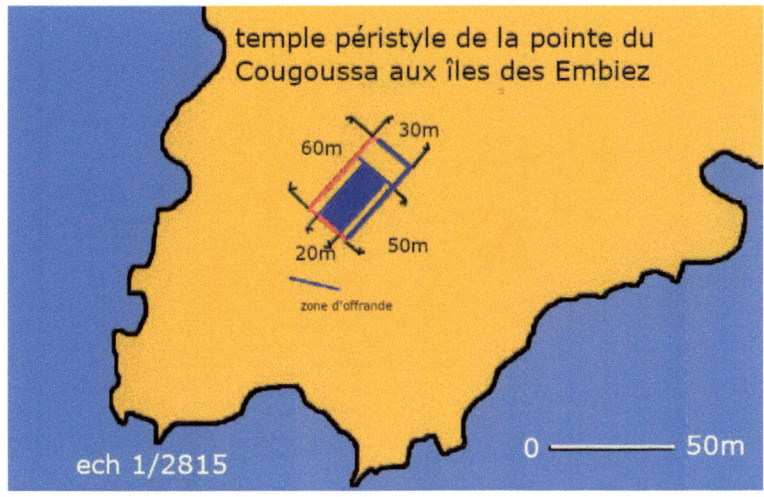

Pour finir mon livre, je suis retourné aux îles des Embiez pour trouver la divinité à laquelle le temple était dédié, et j'y ai trouvé également une résolution de l'énigme de la forteresse à laquelle je ne comprenais rien, des champs électromagnétiques de 12 mètres de large tous les trente mètres sur une partie de l'île. Fort de mon expérience au sanctuaire de Sanary toujours et de ma nouvelle ouverture d'esprit sur la possible démesure des sanctuaires de temples de la part des Massaliotes, je me suis rendu compte qu'il s'agissait encore d'un sanctuaire donc, avec un chemin processionnel dédié au mythe de Persée, une petite particularité à sensations pour les riches familles massaliotes de l'île. Une fois toutes les statues révélées, nous aurons une vision claire de ce mythe, du moins comme les Massaliotes le voyaient, car il en existe plusieurs versions. Je traiterai le sujet dans mon prochain livre avec le sanctuaire de Sanary.

La divinité du temple de la pointe du Cougoussa était donc possiblement, d'une première, lecture (élucidation définitive dans Tauroeïs cité de Poséidon), la déesse Athéna, sous son deuxième principal attribut, soit la déesse de la sagesse.

Bibliographie numérique

Dans le soucis de vous donner une information accessible à tous et rapidement, je me suis limité aux références numérique via internet.
Cependant internet est mouvant. Il y a des références que je n'ai malheureusement pas retrouvées. S'il figure un élément, note manquante, etc, vous pouvez toujours me contacter sur la page Facebook, Tauroeis et non Tauroentum, pour rectification.

note 1
le portugal-portugal-tremblement de terre de Lisbonne-publié il y a 6 ans / consultation mai 2024
https://www.youtube.com/watch?v=PCRjzZ8fV20

note 2
Le Brusc. (2024, mai 1). *Wikipédia, l'encyclopédie libre*. Page consultée le , mai 1, 2024
https://fr.wikipedia.org/wiki/Le_Brusc

note 3
site Persée/ La prise de Phocée par les Perses et ses conséquences/ article/ Michel Clerc
revue des etudes grecque, année 1905, 18-80
pp. 143-158 (consultation mai 2024)
https://www.persee.fr/doc/bude_0004-5527_1952_num_1_1_5010

note 4 /
Eugène H Duprat Tauroentum (le Brusc-six fours), institut historique de provence 1935

note 5
Un bimillénaire : Le combat naval de Tauroentum (49 avant J.-C.) article, Emmanuel Davin bulletin de l'association guillaume Budé, année 1952 1 pp 70-83 / consultation mai 2024
https://www.persee.fr/doc/bude_0004-5527_1952_num_1_1_5010

note 6
bibliothéca classica selecta / guerre civile – bataille navale de Tauroentum par César / consultation mai 2024
http://bcs.fltr.ucl.ac.be/CAES/BCII.html

note 7
méditérranées.net / Strabon géographie iv, 1, 5, consultation mai 2024
https://mediterranees.net/geographie/strabon/IV-1.html

note 8
Piézoélectricité. (2024, janvier 23). *Wikipédia, l'encyclopédie libre*. Page consultée , mai 1, 2024
https://fr.wikipedia.org/wiki/Pi%C3%A9zo%C3%A9lectricit%C3%A9#:

note 9
méditérranées.net / Strabon géographie iv, 1, 5, consultation mai 2024
https://mediterranees.net/geographie/strabon/IV-1.html

note 10
histoire pour tous / inventions / la catapulte
consultation mai 2024
https://www.histoire-pour-tous.fr/inventions/2621-la-catapulte.html

note 11
encyclopédie / arbre celtique / carte des colonnies et comptoirs massaliotes (consultation mai 2024)
source Jean Quiret / Pierre Combet
http://www.arbre-celtique.com/encyclopedie/carte-des-colonies-et-comptoirs-massaliotes-5594.htm

note 12
visit var /le var / batterie de la cride
consultation mai 2024
https://www.visitvar.fr/fiche/batterie-de-la-cride-4752743

note 13
Four à chaux. (2024, janvier 25). *Wikipédia, l'encyclopédie libre*. (consultation mai 2024)
https://fr.wikipedia.org/wiki/Four_%C3%A0_chaux

note 14
Table de Peutinger. (2024, février 21). *Wikipédia, l'encyclopédie libre*. (consultation mai 2024)
https://fr.wikipedia.org/wiki/Table_de_Peutinger

note 15

Griffe d'Archimède. (2023, juillet 29). *Wikipédia, l'encyclopédie libre*. (consultation 1/05/2024)
https://fr.wikipedia.org/wiki/Griffe_d%27Archim%C3%A8de

note 16
Les ports antiques d'Olbia (Hyères) et Toulon, environnement historique et géographique / article Michel Pasqualini
https://www.persee.fr/doc/medit_0025-8296_2000_num_94_1_3151

distinction temple in antis (pour les plans), prostyle, péristyle page free J.F Bradu

http://jfbradu.free.fr/GRECEANTIQUE/GRECE%20CONTINENTALE/PAGES%20THEMATIQUES/temple-grec.php3